寻根溯源学汉字 轻松易懂又有趣

一字一世界

③

C-D

颜煦之 著

认识汉字·理解汉字·掌握汉字·运用汉字

湖南教育出版社

图书在版编目（C I P）数据

一字一世界. 3, C-D / 颜煦之著. -- 长沙 : 湖南教育出版社, 2019.4

ISBN 978-7-5539-6410-2

Ⅰ. ①一… Ⅱ. ①颜… Ⅲ. ①汉字—通俗读物 Ⅳ. ①H12-49

中国版本图书馆CIP数据核字(2018)第232495号

责任编辑：李　好
丛书策划：申晓华
版式设计：申曜年
审读统筹：申晓华
责任校对：张命乔

一字一世界　3, C-D

YI ZI YI SHIJIE　3, C-D

出版发行：湖南教育出版社

（地址：湖南省长沙市韶山北路443号　邮编：410007）

经　　销：全国新华书店

印　　刷：北京盛通印刷股份有限公司

（地址：北京市经济技术开发区经海三路18号）

版　　次：2019年4月第1版

印　　次：2019年4月第1次印刷

开　　本：787 mm×1092 mm　1/16

印　　张：13

字　　数：160千

定　　价：39.80元

书　　号：ISBN 978-7-5539-6410-2

序

曹文轩

为他人写序无数，还从来没有一次像写这个序那样踌躇，那样焦虑，那样迟迟不能下笔，一再延宕。本是一件“轻而易举”的事，却总是不能完成，几乎日日纠结在心。自己都觉得奇怪。今天，终于坐到了桌前。因为，实在不能再拖延了——那边在急切地等着发稿呢。

造成如此状况，大概是因为我和煦之先生的友情实在太深、太浓、太厚了——总想写一个对得起朋友的序，正是这番对友情的特别在意，使得自己反而一拖再拖难以落笔了。

其实，这个序写得好或坏是无所谓的，甚至可以没有这个序，因为，他做的事，白纸黑字都明明白白地摆在眼前，其价值和意义是不用人再絮叨的。写个序，只是戴个“帽子”，不至于看上去太“秃”罢了，将区区一个小序看得那样“严重”，实在没有必要。

两年前在南京与煦之先生相会，他送了我一套他著的趣谈汉字的书，厚厚四册，我当时十分吃惊。回到酒店，埋在沙发中翻看，见他做的竟然还是含了学术——甚至是很学术的事情，更是吃惊。后来，我遇见谁都会提起这套书，一说书的妙、书的趣；二说煦之先生做事总不按常规，动不动就干出出人意料的事情来。不久，与好友方国荣先生谈出版之事，听他兴致勃勃地说要做一套关于汉字与人生方向的书，便立即将煦之先生的著作介绍给他。他也吃惊不小，很快就和煦之先生联系上了，没想到煦之先生竟神奇地又成就了一套方国荣先生心中所希求的新书。

此套书共十一册，还是关于汉字的。

细想想煦之先生做成此事，其实也无令人吃惊之处。他这个人，既是性情中人，又是一个执专心的人。一旦决定做一件事了，天底下也就只有这样一件事了。雷打不动，五头大牛未必能将他拽回。若是在夏季做事，你都能想见他干活时的样子：将门关住，短裤背心，甚至赤膊上阵，宽阔的脑门子上汗津津的，短而厚的手捏住笔就不肯放下，困顿时冲冲凉水澡，拍拍胸脯，拍拍脑门，提提神，接着再干。你以为他做的事，总出乎情理，而事实上，他做事就像他的体型一般稳重，方而正。这也是他的品格。

这一回，他的事做得有点大。

汉字文化，是个大题目，是一个意义非凡的大题目。九年义务教育新课程标准已经出台，与此前课标相比，其中一条被特别强调：要使学生懂得，汉字不只是一种纯粹的书写符号，也蕴含深厚的文化。煦之先生的研究事先当然与新课标毫无关系，只是他的思考与新课标的新维度暗合了。这也许是真知灼见者的不谋而合——所谓“英雄所见略同”。这套书，无意中可成为日后学生和语文老师学习、讲解语文的难得的参考书籍。

汉字是中国人极端聪明、非凡才智的结晶。有人在拿它与种种拼音文字进行比较时，故作深刻地说拼音文字是高度抽象能力的结果，那意思是说人家的东西要比我们的技高一筹。此等说法，不免肤浅。他们将象形文字的汉字，看成了依样画葫芦式的幼稚了，殊不知它的抽象能力其实是无与伦比的。这一个个神秘的方块字，无所不能，说事说理，皆妙不可言。我们可用它最完美地叙述这个世界，也可用它阐述这个世界上最精辟的原理和哲思。它的高度活性，字与字之间的微妙差异以及组词之后的无限能力，是任何一个熟练掌握它的人都会感到惊讶的。它是“魔方”。具象与抽象的完美统一，已抵达天造地设般的境界，使人觉得它本是造物主所使用的文字，是天然的。

更妙的是，一个个字，并不只是说事说理的符号，它们自身就是有意味的，甚至是有无穷意味的，一个个都是可以加以解读和欣赏的。从它们诞生的那一刻开始，它们就负载了若干意味。它们在不断变形的过程中，还暗含了历史的变迁。到了今天，每一个字，都有它的历史。“一字一世界”，还不抽象吗？抽象程度还要多高？可它确实又是形象的，因此，它与别种文字相比，又有了一个特殊的功能：审美。

它直接产生了一门艺术：书法。

从古至今，那些书法大家，用他们各具特色的书写，为我们提供了一个丰富的艺术世界。这个世界陶冶了中国人的性情，提升了中国人的生命境界。

煦之先生对汉字的认识价值和审美价值的理解与分析，就在这十一册书中。

写到此处，我忽然想起两件事来。一件是，好几年前，有个思维独特的年轻人四处奔走，并到处分发传单，说他经过长时间的研究发现，以英语为代表的拼音文字，其实也是一种象形文字。可是没有一个专家理会他。现在，这个年轻人不知到哪里去了，不知是否还在坚持他的“异端邪说”、继续他的“荒唐”研究。另一件是，一个大规模的制作和推广英语电子词典的公司的老板，向我展示了他的研究成果。他的研究成果与那个年轻人的结论一致，只是更加学理化：英语，也是一种象形文字。他当场向我解读了一个个英语单词，告诉我它们都是“象形的”。这个老板是学英语出身的，我当然不敢苟同他们的看法。但这两件事，倒使我看到了一个认识上的变化：作为象形文字的汉字，倒成了人家比附的文字了。

进入汉字魔方吧，其乐无穷。

2014年11月1日于北京大学蓝旗营小区

曹文轩，当代著名作家，精擅儿童文学，任北京作家协会副主席，北京大学教授，现当代文学博士生导师，儿童文学委员会委员，中国作家协会鲁迅文学院客座教授，是中国少年写作的积极倡导者、推动者。主要文学作品有《山羊不吃天堂草》《草房子》《天瓢》《红瓦》《根鸟》《细米》《青铜葵花》《大王书》等。

自序

当你拿起这本书，翻到这一面，我们就算有了一面之交。我很想拉着你的手，跟你聊两句。不多，就这么几句。

我这人一生与书有缘：读书、教书、编书、写书、出书、卖书、藏书……虽然如此，而今我却还是常读错字、写错字、用错字，还有很多不认识的字。究其原因，跟自己菲才寡学、天资愚钝有关。另外，恐怕跟汉字既多又难认难记有关。

汉字大约有十万个，常用的虽然只有三千来个，但要记住却非易事。据说，外国人把最难办的事说成“这比学汉字还难”。正因为此，近几十年来，国家成立专门机构，搞汉语拼音和汉字简化。

如今，全球有数千万“老外”学汉语，加上母语为中文的华人，使用汉字的多达十四亿人。怎样让这么多人轻松愉快地学汉字，是件十分有意义的事。我愿为此稍尽绵薄，所以编写了这本书。

汉字，是世界文化的明珠，是中华民族的骄傲。汉字，是先民们历经数千年，把对自然和社会的认识，巧妙地移植到一笔一画上而形成的。汉字，源远流长，魅力无穷，超群绝伦，华夏儿女应该发扬继承。

汉字，不仅仅是符号。对汉字，光凭眼睛看是不够的，形、音、义三位一体，那得细细品味，慢慢咀嚼，才能品出味儿来。有些字，是一幅生动的图画；有些字，是一个有趣的故事；有些字是一段复杂的历史；有些字，说的是生活常理；有些字，谈的是科学道理；有些字，讲的是深刻的哲理。每一个字，都值得我们欣赏、品味和探讨。若三五同好，聚在一起，谈古说今，咬文嚼字，得其三昧，那真是其乐无穷。

前人和当今有识之士，对汉字做了大量深入的研究，著述浩如烟海，硕果累累。作为门外汉，我不揣冒昧，也挤将进来，凑个热闹。

我将两千多个常用字，以科学分析和有趣故事相结合的方式，编写成这套书。我所讲解的每一个字，分为前后两部分。前半部分，我将这个字的形成、演变过程以及字形、字义、读音作简要介绍。凡此，仁者、智者，各有见解。我博采众长，或综合为一，或分别罗列，任君选择。后半部分，我以小故事等形式，更形象、更生动地来解释这个字的形、音、义。我不仅讲这个字的用法，而且讲这个字的结构特征，讲这个字笔画的用意，讲这个字和相似字之间的区别。我还特别注意解释字的读音，以便区别这个字与其它谐音字之间的区别与联系。我讲了两千多个汉字故事，与这些故事相关联的汉字有六千多个，几乎包括了所有的常用字。这便是字中有字，这才是真正的汉字故事。

顺便说一句，这里的故事，有些是我的创作；有些是据资料编写；有些是来自民间的汉字俗解。其中有些内容，“俗文学”也罢，荒诞也罢，读者朋友切莫当真。你尽可把先贤们的论著当作学术理论，把我这儿写的，权且当作插科打诨。因为我的目的很简单，我只是想通过这些小故事、小笑话，以及诗词、对联、谜语、民歌、童谣、字谜、谐音、测字、解字、解梦，避讳这些形式，加上奇闻轶事、文坛掌故……以此搭座桥、凑个趣，使朋友们认识这些字，辨别这些字，掌握这些字，记住这些字。

我愿把这套书，献给对汉字情有独钟的朋友。让大家在茶余饭后，有个谈笑的话题。这种话题，雅俗共赏。

我愿把这套书，献给学汉字的外国朋友。让他们更多地了解汉字的丰富多彩。愿他们在轻松愉悦中掌握汉字。

我愿把这套书，献给青少年朋友们。让他们在课外阅读时，带着笑脸，品味每一个字的结构和内涵。

我愿把这套书，献给我的教师同行们，为他们在备课时提供点资料，使他们在讲课时增加点情趣，让他们在课堂上引发出阵阵欢笑声，使孩子们在寓教于乐中理解汉字的博大精深。

当你手捧这一套沉甸甸的《一字一世界》时，我要深情地向你介绍为这套书的出版作出不懈努力的至爱亲朋。首先要说的是我的出版人申晓华先生。他不辞辛劳，担当风险，近十年来不离不弃，专注于此书的出版发行。好友曹文轩先生，热情为这套书作序，为这套书增光添彩。资深编审王林军先生，是这套书第一版的责任编辑，他为这套书奠定了基础。著名画家，装帧设计家朱成梁先生，为这套书的第一版，设计了精美的封面和版式。著名漫画家何天卫先生和叶霆先生，为这套书提供了大量生动活泼的插图和图案。著名儿童文学家方国荣先生，为这套书的第二版出版，作出了不懈的努力。这套书由第一版的七百余汉字故事，增补为两千余故事，经历了十多年的艰辛创作，其间幸有编审谢芳女士，著名汉字研究专家唐汉先生，古典文学博士陈光先生，著名青年书法家陈义望先生……他们参与了这套书的审读、修订和把关，指出了书中的不足和差错，保证了这套书的出版质量。因为这套书讲的是汉字知识，出版社是以辞书的标准来保证这套书的质量的。

图书出版，是很难完美无缺的，总会留下一些缺憾。这套《一字一世界》也概莫能外。我壮志不已，耕耘不辍，仍在收集汉字故事，愿继续努力，将三千多常用汉字，都配上生动有趣的故事，编成一本既可当字典，又可当故事的“阅读字典”，以供读者朋友们赏阅。

说到读者朋友，我激动不已，感慨万千。自该书出版十多年来，因书中有我留下的手机号码，我先后收到一百余位读者来电。有的指出差错，有的提出建议，有的给予鼓励，有的提供故事，有的只讲了几句：感谢你，继续努力……

我决不辜负读者朋友的厚爱，再接再厉，使这套书日臻完善。如你购得此书，那我们也就心灵沟通，成为志同道合的文友。君不闻，前世修得八百次回眸，今生方得一次擦肩而过。你我有缘，你才翻阅此书。以书会友，是我三生有幸。

如蒙赐教，请记住我的手机号码：13705181009。我当洗耳恭听。

感谢你阅读此文！

感谢你阅读这套书！

二零一九年三月

于南京长江大桥堍

目录

C

一字一世界

C

chú
锄

松土除草的农具——锄

古代的“锄”字是个左右结构的形声字兼会意字。左边的“金字旁”作形符，表示跟金属有关；右边的“助”字读“zhù”，作声符并会意。

“金”字与“助”字组合，指一种用来除草松土的金属农具。因是指金属制作的农具，这跟“金”字有关，所以古人用“金”字作“锄”字的形符。因随着冶炼技术的发展，先民们所使用的农具，已大多用金属制作了。

古人为什么用“助”字作“锄”字的声符呢？

小篆的“助”字是个形声字兼会意字，由“且”字与“力”字组合。“且”表示祖先，古人凡有大事必先祭告祖先，求祖先神灵保佑。而帮助别人，也有保佑之义。“力”字有尽力相助之义，“助”字的本义指“帮助、扶持”。用锄去锄草松土，有帮助庄稼生长的作用，所以古人用“助”字作“锄”字的声符并会意。

楷书的字形由小篆演变而来，写作“鋤”，后简化为“锄”。

“锄”字的本义指“锄头”，如除草松土用的锄头也称“耘锄”；锄头有大小之分，如：小锄、大锄。

“锄”字由本义引申指“用锄松土、锄草”，如一年中开始锄地称“开锄”，锄地工作结束称“挂锄”，在种子发芽之前把地表的土锄松并锄去杂草，以便种子发芽出土称“闷锄”。“锄”字由“锄草”引申指“铲除”，如铲除通敌的坏人称“锄奸”，还有锄霸、诛锄异己、锄强扶弱、锄暴安良等词语。

小篆

鋤
隶书

锄
楷书

我有一犁锄

话说南宋末年，有个奸臣名叫贾似道，他仗着姐姐是皇帝宋理宗的宠妃，在朝中独揽大权，欺上瞒下，卖国求荣，百姓对他恨之入骨。贾似道在权倾朝野时，极力推行“公田法”。用贱价搜刮民田，中饱私囊，为防大臣反对，他在家中宴请当朝左右两位丞相，想看看他们的态度。席间，贾似道提出行酒令，要以一物引出一道曲名，继而引出两句谚语。贾似道想以势压人，先出令：

我有一局棋，
寄与洞中仙。
洞中仙不受，
云：自出洞来无敌手，
得饶人处且饶人。

《洞中仙》为曲名。贾似道以洞中仙自居，对两位丞相表明：他要推行“公田法”这局棋，不希望有人阻拦，并以威胁口气表白他自出道以来，走遍天下无敌手，只要你们顺从，我就手下留情。

江万里为人耿直，他对贾似道的倒行逆施极为不满，便借此机会，直抒己见：

我有一犁锄，
寄与使牛子。
使牛子不受，
云：且存方寸地，
留与子孙耕。

《使牛子》也是曲名。江万里关心百姓，民以食为天，当以农为本，农民田地不可侵占。他的酒令向贾似道发出警告：不管你推行“公田法”，还是你自家侵占农田，造花园豪宅，我都要跟你斗争到底。“且存方寸地，留与子孙耕”，这就是他奋斗的目标。

据史料记载，南宋灭亡后，江万里见复国无望，投水自尽。

难行走的灌木丛——楚

古代的“楚”字是个上下结构的形声字兼会意字。上面的“林”字作形符，表示跟树林丛林有关；下面的“疋”字读“yǎ”，作声符并会意。

“林”字与“疋”字组合，指灌木丛生的树林使人难以通行。因是指灌木丛生的树林，这跟“林”字有关，所以古人用“林”字作“楚”字的形符。

古人为什么用“疋”字作“楚”字的声符呢？

甲骨文的“疋”字是个象形字，这个字原本与“足”字是同一个字。字形像一条小腿形，表示脚。金文线条化，篆文文字化，隶变后的楷书写作“疋”。

“疋”字的本义指“脚”，后来作了偏旁，不再单用。

“疋”字在“楚”字中表示在丛林中行走，被灌木所阻挡。这种灌木也称“荆”，种类很多，有些上面带刺。这些带刺的小灌木称“荆棘（jí）”。“荆棘载途”，指沿路都是荆棘，形容障碍极多，不易行走。正因为此，古人才用“疋”字表示脚，以示在“林”中难以行走。

楷书的字形由小篆演变而来，写作“楚”。

“楚”字的本义指一种丛生的灌木，也叫“荆”。

“楚”字的本义引申指“打人的荆条”，也称“荆楚”，这就是“负荆请罪”中的带刺的‘荆’”。“楚”字由上义引申指“痛苦”，如悲哀痛苦称“悲楚”，痛苦也称“苦楚”，凄惨痛苦称“凄楚”，心酸痛苦称“酸楚”。

甲骨文

金 文

小 篆

隶 书

楚

楷 书

“楚”和“四面楚歌”

成语“四面楚歌”，指四面都是楚国的歌声，比喻四面被围困，孤立无援。

说起这一成语的出典，有段历史故事。

这个故事，出自《史记•项羽本纪》，其中有一段文字是这样的：项王军壁垓（gāi）下，兵少食尽，汉军及诸侯兵围之数重，夜闻汉军四面皆楚歌，项王乃大惊曰：“汉皆已得楚乎？是何楚人之多也！”

这段文字的背景是，秦朝灭亡后，各路英雄争夺天下，最后只剩下刘邦项羽的楚汉之争。他们之间的战争进行了五年之久。公元前203年12月，刘邦的大将韩信屯兵垓下（即今日安徽灵壁东南一带），布置了十面埋伏，将楚霸王项羽的精锐之师围困起来。韩信编了首歌，叫部下中的楚兵对着楚营大声唱道：“人心都背楚，天下已属刘。韩信屯垓下，要斩霸王头！”

此时正是寒冬季节，营帐外北风呼啸，寒气逼人。从汉营传来的阵阵楚歌声，使项羽焦虑不安。他想：为什么汉营中有这么多楚人呢？难道楚军都向汉王刘邦投降了吗？他据此分析，认为自己大势已去，败局已定。当天夜里，他跨上乌骓马，带着八百子弟兵，杀出重围，向南逃去。天亮时他们渡过淮河，到了南岸，跑了一阵就迷了路，不知从哪儿能走到彭城，回到自己的家乡。

韩信率军紧追不舍，项羽且战且退，向东南逃去，这时只剩下二十八人。这二十八人逃到乌江边（即今日安徽和县一条大河边）。乌江亭长划着一条小船来迎接他，劝他过河，重返江东，以求东山再起。项羽羞愧地说：“我带江东八千子弟兵渡江打天下，如今只剩下几个人了，我有何面目见江东父老？”说罢拔剑自刎。

后人根据项羽垓下被困，韩信用计围歼项羽的故事，引申出了“四面楚歌”这一成语，用以比喻四面受敌，孤立无援的危急处境。

chǔ

处

金文

小篆

處

隶书

处

楷书

居住栖息的处所

甲骨文的“处”字是个象形字，也是个形声字兼会意字。字形像一个头戴虎皮帽子的人，占据着一条板凳而坐。上部像一条长凳，下面是一只脚，这头戴虎皮帽的人将脚放在长凳下，指“停止、停留”的意思。

金文的字形由甲骨文演变而来，但增加了一只脚，好像两只脚都在凳子边上。小篆的字形由金文演变而来，变成了“几”“夂”“虍”的字形，由小篆演变而成的隶书就成了“處”字，也就是当初的繁体字，后来简化为“处”字。这个繁体“處”字，可看作是象形字，也可称作形声字兼会意字。上面的“虍”字是声符兼意符，其余部分为形符，本义指“停止，停留”。因为停留下来了，由这一本义而引申为“居住”和“处所”，如久处乡间，指一直住在乡下。

“处”字由“居住”引申指“存在”“置身其中”，如处世、设身处地、处身于水深火热之中。

“处”字也引申指“共同生活在一起”，如和平共处、友好相处。还引申指“办理”，如处理、处事、处置、处治、处之泰然。

“处”字由“处理、办理”，引申指“定罪、惩罚”，如处分、处决、处死、惩处、判处。

“处”字是个多音字，读“chù”时，指“地方”，如处所、出处、错处、到处、长处、害处、苦处、妙处、难处、痛处、随处等。

“处”字也用来指机关单位的名称，如办事处、联络处、人事处、总务处等。

“处”字也作姓氏用。

将要离开此处

十年动乱期间，南京师范大学中文系，有一批德高望重、学识渊博的教授，被分配到句容黄梅桥农村，一边劳动锻炼，一边接受贫下中农再教育。这些教授，大都年老体弱，又患有各种职业病或老年性疾病，一个个缺医少药，苦不堪言。加之与家人分散，难通音讯，相互牵挂，日复一日，不知何日是尽头。

日子虽凄苦，老教授们却能安之若素，互相帮助，相互鼓励，共渡难关。他们深知，日子再难过，也得过下去，所以他们常以猜谜语、对对子、讲笑话来打发漫漫长夜，在他们看来，这叫苦中作乐，乐在其中。

一日，天还没亮，梁教授忽然嘶哑地叫了一声，把同房间的常教授、施教授都惊醒了。

梁教授坐起来，抹抹额头的汗水，惊魂未定地说："哎呀呀，刚刚做了个噩梦，吓死我了。"

常教授也坐起来，点支烟，安慰他："别害怕，做的什么梦？说来听听，我给你解解梦。"

梁教授用他那广东普通话说："我梦见房东家那只大花猫，逮住一只大老鼠，它就在我脚底下，将那只大老鼠的头一口咬下来甩到门外，身体血淋淋……我的妈呀，太恐怖了……"

常教授听罢，吸了几口烟，笑道："梁公，好梦呀，大吉大利呀！"

梁教授不解，凑过来问："何以见得？可得闻与？"

常教授说："从民俗学上讲，这叫字梦。你梦之事，归纳起来一句话两个字。一句话说是'此鼠首尾分离'，两个字就是'鼠'与'离'。从文字学角度讲，'鼠'与'处'谐音。'离'者，离开也。离开何处？离开此处也。你这梦是预兆我们即将离开此处啊！"

一直闷声不响的施教授听罢，猛地起身，一边穿衣，一边兴奋地说："梁公的梦做得好！常老的梦解得妙，说不定我等今日就离此处回城了。"

隔日果有通知来，响应伟大领袖号召，复课闹革命，全体回城去！

将猎获的野兽养成家畜

chù

畜

甲骨文

金文

小篆

畜

隶书

畜

楷书

对“畜”字的字形有不同的解读。有专家认为，甲骨文的“畜”字是个会意字，由“田”和“系”组成，表示田里蓄（xù）有粮食，家中存有丝织品。金文和小篆字形大致相同，隶变后的楷书写作“畜”。本义为“家中积存有衣食”，后引申指“积蓄”。饲养禽兽也是一种积蓄，“畜”字又引申指“饲养”。将饲养的禽兽称为“畜”，这时读“chù”。还有学者认为，甲骨文的“畜”字是个象形字。上部像绳子，下部像田地，小点儿代表草木。这三者合起来表示：将在田野里捕获的野兽畜养成家畜。

还有人认为，小篆的“畜”字也是个会意字。“田”字上面的字形是“兹”字简省的写法。“兹”字读“zī”，在甲骨文中像在水流中漂洗染丝之形，后来引申指“滋生”“增益”的意思。在田地里捕获野兽，饲养为家畜，有使收入增益的意思，而且饲养的家畜不断繁殖，也会变多，使收入积蓄。

诸多解读，各有侧重，所以“畜”字指的本义也有所不同。有人认为“畜”字的本义是“家中存有衣食”，引申指积畜，读“xù”。有人认为本义指“禽兽，多指家畜”，读“chù”。“畜”字是个多音字，读“chù”时，指“家畜”，如六畜兴旺。“畜生”泛指禽兽，常用作骂人的话。牲畜的力量称“畜力”，家畜的传染病称“畜疫”；牲畜的粪尿称“畜肥”，还有耕畜、公畜、母畜、种畜等词。“畜”字读作“xù”时，由本义引申指“饲养家畜（chù）”，如饲养大批牲畜和家禽称“畜牧”。饲养动物也称“畜养”。畜牧业产品称“畜产”。

畜牲满口富贵

明朝万历年间，苏北盐城来了个县令名叫张广才，扬州人，祖上是盐商，花了大把银子捐了个县令，这厮在任三年多，贪污受贿，早把当年买官的钱连本带利都收回了，现在眼看任职到期了，近日忙着把搜刮来的民脂民膏，金银细软往老家扬州运，就连搜罗来的名贵花卉，也用骡子驼，驴子拉，一股脑儿运回老家去。

这张县令胆大包天，他也不在乎县民们的议论，光天化日之下，大包小包，大盆小盆往车上装，引得好多人来看。

在围观的人群中，有位秀才叫陈德高，他想治一治张县令，准备送副对联给他。正巧，他看到拉车的小毛驴，嗅了嗅一盆名贵的牡丹花，它闻到有股香味儿，以为此物甜美，便卷起舌头吃将起来，嘴巴一张一翕，有滋有味地咀嚼着。张县令一眼看到，气得暴跳如雷，大声吼道："快抽这畜生！它吃我的牡丹！打死这畜生！"说着夺过鞭子，辟辟啪啪地抽打驴子……

陈德高见此情景，对围观的人群大声说："众位乡亲，县令大人在忙搬家了，我们送他一副对联表表心意吧！"

众人喊好，都说："你就现场来一副吧！"

陈德高指指眼前的驴子、骡子说："县令大人福大命大，家有万贯家财，平日里说话满口富贵，全家老少披金戴银，就连驴子也喜欢尝尝牡丹滋味，本人就以此为联。"说罢吟道：

驴吃牡丹，这畜生满口富贵。
骡驮元宝，那杂种浑身金银。

张县令听了，觉得味儿不对，瞪着眼问："你骂本官？"

陈德高施礼道："大人何出此言？在下所出联语，都是说的实情。牡丹花号称富贵花，这驴子吃了牡丹，那不就是满口富贵么？元宝花又叫金银花，这骡子驼了元宝，那不就是浑身金银么？驴，难道不是畜生么？骡，难道不是杂种么？我这对联，哪一句骂了您啊？"

张县令听了，哑口无言，灰溜溜地走回了衙门。

用牙咬破一个洞——穿

chuān

穿

金文

小篆

穿

隶书

穿

楷书

“穿”字是个上下结构的会意字。上面是个“穴”字，这个字读“xuē”，本义指古人住的洞穴，后指窑洞，泛指洞；下面是“牙”字，指人或动物的牙齿。

“穴”与“牙”组合在一起，指“用牙咬破或咬穿成为一个洞”，所以“穿”字从“穴”、从“牙”。

楷书的字形由小篆演变而来，写作“穿”。

“穿”字的本义指“打通、刺破”，如治疗疾病时，用特制的针刺入体腔或器官内抽出液体或组织称“穿刺”，胃肠等器官的壁遭到破坏，形成孔洞称“穿孔”，牵强附会，生拉硬套地解释称“穿凿”。

“穿”字由本义引申指“从孔洞中通过”，如互相错开或指小说戏曲中为了衬托主题而加上一些次要内容称“穿插”，从厅堂中穿过称“穿堂”。二门两旁的走廊称“穿廊”，还有穿堂风、穿越、穿针、贯穿等词。

“穿”字由本义又引申指“透、破”，如拆穿、戳（chuō）穿、揭穿、看穿、说穿等词。

“穿”字由“从孔洞中通过”引申指“穿着衣服及鞋袜”，如穿戴、穿着、耐穿、穿小鞋、穿衣镜等词。

牙巴骨在墓里吹喇叭——穿

民国年间，江苏常州有位测字名家，名叫大不同。这天傍晚，有两个人闯进他家，神秘兮兮地说要测个字，问凶吉祸福。

这两个人刚坐下，大不同就发觉这两人腮帮子鼓鼓的，坐着时，手指习惯性地抖动。大不同便猜出这两人是干什么营生的了。

大不同正要穿衣外出，与人约会，现在只好坐下，问："二位测什么字？测何事？"

二人点头哈腰，见大不同在穿衣服，其中一高个儿说："您在穿衣裳，就测个'穿'字吧。"说罢，这二人附在大不同耳边说道，有人出重金，要他俩将仇家的腿打断，但不能打死，只要致残，此事能成否？

大不同写了个"穿"字说："二位要干的事，伤天害理，风险很大啊，可不像我穿衣戴帽这么简单。你们得想想，万一失手，将人打死怎么办？打个半死，事情穿帮怎么办？若对方是个弱不禁风、不堪一击的人，此人与你无冤无仇，你何忍下手？此人若是个身手不凡的壮汉，你们何从下手？若对方人多势众，将你们抓获送官怎么办？若是这两个仇家私下了结，将罪责推在你二人身上怎么办？"

大不同叹口气说："你们两个是没脑子的人，我刚刚说的是人之常情，生活常理。若是就测字而言，你们要测的'穿'字，上为'空穴'的'穴'字，人常说'墓穴'，就是此字。"说到这儿，大不同故意问："二位是干什么来着？"

二人老老实实答道："帮人家抬轿子，吹喇叭的。祖传手艺，会吹喇叭。"

大不同正色道："你俩若是干别的营生，我不敢乱下结论。你俩都是吹喇叭的，可就另当别论了。正因为你俩是吹喇叭的，若是去干这事，必死无疑。"二人听了，大惊失色，盯着大不同，张着下巴颏儿，大气都不敢出。

大不同一字一句道："这'穿'字上面一个'穴'，下面一个'牙'，牙巴骨在墓里吹喇叭，是不是鬼呀！"

递送文书的驿站——传

古代的“传”字写作“傳”，是个左右结构的形声字兼会意字。左边的“单人旁”，作形符，表示跟“人”有关；右边的“專”字读“zhuān”，作声符并会意。“人”字与“專”字组合，指供递送文书命令的人转换车马的驿站。

因是指供人转换车马的驿站，这跟人有关，所以古人用“单人旁”的人字作形符。

古人为什么用“專”字作“傳”字的声符呢？

甲骨文的“專”字是个形声字兼会意字。上面是纺锤形，下面是表示手的“又”字，指用手转动纺锤纺线之意。小篆将其整齐化，将“手”变为“寸”字。“寸”字跟“又”字一样，也是表示手。隶变后的楷书写作“專”，如今简化为“专”。本义为“转动纺砖”，也就是纺锤，泛指“转动”。因“专”有转动之意，而驿站是供人转换车马的，由这一站到下一站也有传送转动之意，所以古人用“专”字作“传”字的声符并会意。

楷书的字形由小篆演变而来，写作“傳”，后简化为“传”。“传”字的本义指“驿站、驿舍”。“传”字由本义引申指“授、教”，如传教、传世、传授、传家宝、代代相传、言传身教。由“授”字引申指“推广、散布”，如传单、传播、传颂、传言、名不虚传、谬种流传。由“散布”引申指“通过、流过”，如传动、传电、传导。“传”字是个多音字，读作“zhuàn”时，指记叙个人生平的文字，如传记、小传、评传、外传等词。又引申指“解释经文或史实的文字”，如经传、圣经贤传、名不见经传。

甲骨文

金文

小篆

傳
隶书

传
楷书

“传”和“以讹传讹”

东汉时期有位文士写了本书叫《笑林》，其中讲了这么一个笑话故事。

春秋时期，楚国一个山村里有位猎户，这天，猎户在山里用网捕获到一只山鸡。这山鸡羽毛紫黑色，尾巴拖得很长，神态很美。猎户将山鸡挑着进城去卖。半路上，有个骑马的富商赶上来问他：“你挑的是什么鸟啊？”

猎户骗他道：“你这人什么眼神呀，这是凤凰啊，你怎么看不出来？”

富商惊喜地说：“我早就听说世上有神鸟凤凰，今日总算看到了。”说罢跳下马来，对猎户说：“能把这凤凰卖给我么？我出大价钱！”说着拍拍马背上的包袱，那里藏着他随身带的金子。

猎户哄骗他：“我这凤凰价值千金啊！”

“那就千金吧！”富商将马背上的一袋金子扔过去。猎户接住了，背到身上。又将挑着的山鸡双手递给富商，这交易便算完成了，然后两人各奔东西。

富商搂着山鸡，上马进城回家了。

富商回到家，喜得合不拢嘴，心想：这凤凰是稀世珍禽，自古就是祥瑞之物，我要将它献给楚王，楚王肯定很高兴。他打定主意：明儿一早就到皇宫去献给楚王。当晚，他小心翼翼地给“凤凰”喂食，还将它放在衣架上，为防它飞了，还用金丝绳将它牢牢地绑在架子上。

第二天一早起来，富商急得大叫起来：天呐，凤凰不知怎的，倒挂在衣架上，死了。

富商为此嚎啕大哭，很是伤心。他伤心的不是那一千金，而是没能将凤凰献给楚王啊。

这事儿传遍京城，都以为千金购得的山鸡是金凤凰。楚王也知道了这件事。为了奖励这一心要向他敬献凤凰的富商，楚王下令将富商召进宫，奖励他两千金和许多玉帛，还让他当了大官呢。

后人将这笑话故事归纳为成语“以讹传讹”，“讹”字指错误。“传”字指传播、传导，意为把本来就是骗人的事传扬开了。从中我们可看到，这“讹”是怎么一个传一个地传播开来的。

沿水而行的船

chuán

船

小篆的“船”字是个左右结构的形声字兼会意字。左边的“舟”字是形符，表示跟水上交通工具有关，属舟船之类；右边的“㕣”字是“沿”字简省的写法，读“yán”，作声符并会意。

“舟”字和“沿”字组合在一起，指“人工制作的水上交通工具——舟”。“舟”字本身就是“船”的意思，所以古人用“舟”字作“船”字的形符。

古人为什么用“沿”字作“船”字的声符呢?

“沿”字有“顺着”的意思，而船都是靠水航行，有沿水而行之义，所以“船”字以“沿”字作声符并会意。

楷书的字形由小篆演变而来，写作“船”。

“船”字的本义指“水上的交通运输工具”。

船的总称为“船舶”，停船的码头称“船埠（bù）”，船内装货载客的地方称“船舱”，在木船上干活的人称“船工”或“船夫”，以船为家的水上住户称“船家”，还有游船、驳船、渡船、帆船、拖船、邮船等词。

“船”字由本义引申指“样子像船的”，如园林中形状略像木船的临水的房屋称“旱船”，儿童体育活动玩的“浪船”，还有科学考察用的“宇宙飞船”。

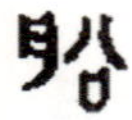
金文

小篆

船
隶书

船
楷书

板钉船，“船”装柴

江苏宜兴有个地方叫竹海，这儿有座不太高的山，山上山下竹林连成一片，就像竹子的海，这儿以出产竹笋出名。

这是民国年间的事了。竹海有个砍柴郎，每天上山砍柴，然后挑到小镇上卖，日日如此，从不间断。有外地人到竹海浏览，说竹海的声势，就像乘轮船在大海航行一样。砍柴郎天天钻在竹海里，可就想象不出，大海究竟是啥样？轮船究竟有多大？他做梦都在想，有那么一天，能离开竹海，乘轮船去看看海洋。

笋山有个笋姑娘，每到春天，就挑着鲜笋到小镇上卖，到了冬秋，就挑着笋干去卖。

砍柴郎和笋姑娘常在山路上相逢，头回生，二回熟，见多了面，就成了同路人，一块儿到镇上去。半路休息时，常按山里人的风俗，唱唱山歌，猜猜谜语，作作对子，两人谈得投机，说得开心。

有一天，砍柴郎对笋姑娘说：“你挑笋干的篮子是怎么编的？你唱给我听听。”

笋姑娘落落大方，站起身，放开喉咙便唱：

笋养竹哎，竹劈篾；篾编篮哎，篮盛笋。

砍柴郎听了，拍手称好。笋姑娘问道：“你每天砍这么多柴，为什么不凑成几担，到山脚下用船装到街上卖？”

砍柴郎说：“你跟我想的一样，我正在锯树刨木板，准备造小船……”笋姑娘连连摆手：“你得跟我一样，编成歌儿唱给我听……”

砍柴郎放开喉咙唱了起来：

柴成树哎，树锯板；板钉船哎，船装柴。

两个年轻人，你一句，我一句地对唱着，渐渐唱出了爱情的火花，后来结为夫妻。两人齐心协力，终于将大树刨成了木板，用木板钉出了一条小船，用小船运着木柴和笋干到小镇上卖。

放檩上承接屋顶的椽子

chuán

椽

小篆的“椽”字是个左右结构的形声字兼会意字。左边的“木”字是形符，表示跟木头或树木有关；右边的“彖”字读“tuàn”，作声符并会意。

“木”字与“彖”字相组合，指“放在檩上，承接屋顶的木条”。因指的是木条，所以古人用“木”字作“椽”字的形符。

古人为什么要用“彖”字作“椽”字的声符呢？

这就先要弄清什么是“檩子”了。檩子是架在屋架上或山墙上用来托住椽子的横木或横条形的构件，也称“桁（héng）条”“檩条”。

什么叫“椽子”呢？椽子是承接屋瓦的木条。椽子分两种，圆形的称“椽”，方形的称“桷（jué）”。这圆形的椽子，其形状如“彖”。这“彖”字在甲骨文中是个象形字，字形像被宰杀后悬挂着的猪的形状，呈长圆形，“彖”字的本义指“宰杀后准备切割的猪”。因其长圆形，与长圆形的“椽子”相似，所以古人用“彖”字作“椽”字的声符并会意。

楷书的字形由小篆演变而来，写作“椽”。

“椽”字的本义指“放在檩上架着屋顶的木条”。放在檩上承接屋面和瓦片的木条称“椽子”。

因椽子呈粗长圆形，状如巨大的毛笔，所以古人形容大家写的文章或书法作品为“椽笔”。“笔大如椽”“如椽之笔”都是指像椽子那样大的笔，以此比喻大家手笔。

椽

小篆

椽

隶书

椽

楷书

“川”字有似三条椽

讲这个故事前，先介绍唐朝著名女诗人薛涛。她是位传奇女子，长安人。年幼时即聪明好学，八岁能诗，通晓音律，能歌善舞，多才多艺。她十六岁入乐籍，即今日娱乐圈中的女子。脱乐籍后，终身未嫁，后定居成都浣花溪。

薛涛于歌舞诗赋之外，还深谙酒令，《唐语林》一书中，记有薛涛行酒令的故事。相传四川节度使高骈镇守成都时，有一次举办酒会，命薛涛陪席。席间，高骈提议行酒令助兴。约定“一字象形令”。规定要以一个字，取其象形，说一句诗，这首诗要与这个字协韵。高骈自告奋勇先起令：

口，有似没梁斗

“口”字方框形，“有似没梁斗”指“斗”这样东西的形状。“斗”是古代一种方形的酒器，上面有提柄，称之为“斗梁”。斗形状像篆体字的“口”字加上一横，如果没有这一横，就完全像个“口”字了。末尾的“斗”字与“口”字同韵。这符合“一字象形令”的要求。

轮到薛涛时，她接令道：

川，有似三条椽

“川”字，好像三条屋顶上的椽子，椽子是长条形的。三根椽子并排就像“川”字。“椽”“川”同韵。

高骈听了故意挑剔：“椽子一根根都是笔直的，‘川’字第一笔仍是弯的，象形不切，罚酒！”

薛涛不慌不忙地说：“哎呀呀，相公你是四川节度使，荣华富贵，尚且用一缺梁之斗，我一弱女子，椽子直也罢，弯也罢，只要有一栖身之处，一条弯曲椽何足挂齿？”

她这一说，在座宾客，除了赞赏薛涛的聪明才智之外，对她悲凉的身世，更深表同情。

线穿珠子——串

chuàn

串

金文

小篆

串

隶书

串

楷书

在小篆中，“串”字像两颗珠子由一条线穿过，形成一串，它的本义就是“连贯、贯穿”的意思。

有些东西用线或杆子从当中穿过，串连在一起，成为一串。这时的“串”作量词，如一串冰糖葫芦、两串珍珠。

如若从这家到另一家，好像把两家的门串连起来，这就叫“串门”；有些人合伙干了坏事，互相串通，捏造口供，这叫“串供”；有些食品放在一起，气味相互影响，这叫“串味”。

唐·怀素

连中两元为串

对“串”字，民间流传一则“连中两元为串”的故事。

清朝同治年间，有一位文士准备去赶考，临行前想让测字先生为自己测测命运，便写了一个“串”字。

测字先生说：“恭喜恭喜，你不但乡试能考中，而且殿试也能考中！”文士大喜过望，忙问原因。测字先生回答说：“‘串’字，乃两个‘中’字相连，所以我断定你可以连中两元。”

文士连声感谢，乐陶陶地赶考去了。结果如何，不得而知。

用刀划破造成创伤

chuàng

创

金文的“创”字是个象形字，字形像一把刀插到肉里的样子，表示划破皮肤，进入肉内，造成了创伤。

小篆的字形由金文演变而来，变成了一个左右结构的形声字兼会意字。右边的“立刀旁”是把“刀”，作形符，表示跟“刀”有关；左边的“倉”字读“cāng”，是“仓”字的繁体字，作声符并会意。

“仓”字与“刀”字相组合，指“用刀致人受伤”。因指的是用刀伤人，所以古人用“立刀旁”作“创”字的形符。

古人为什么用“仓”字作“创”字的声符呢?

小篆的“仓”字写作“倉”。这是个象形字，上面的“人”字形是仓顶；下面的“口”是仓底；中间为进出的门。隶变后的楷书写作“倉”，现简化为“仓”。

“仓”字的本义指“粮仓”。粮仓是囤积粮食的地方，当救济灾荒时，就源源不断地放出粮食。而当人受伤流血时，也会不断地渗出血来，所以古人用“仓”字作“创”字的声符并会意。

楷书的字形由小篆演变而来，写作“創”，现简化为“创”。

“创”字的本义指“创伤”，如伤痕也称“创痕”，身体受伤破裂的地方称“创口”，也称“创伤”。创伤的表面称“创面”，伤痛称“创痛”。

“创”字由本义引申指“杀伤”，如重创敌军。

“创”字是个多音字，读作“chuàng”时，指“开始做，初次做”，如创始、开创、始创、新创、创办、创建、创举、创刊、创新、创作、创造、首创、独创、创立等词。

創
小篆

創
隶书

创
楷书

立刀守仓，安然无恙——创

南京奇人郑可鉴，开着一家旅游公司，规模不大，但生意兴隆，全仗着他人脉广，有文化品位，一些文化单位的客户特别多。

三八妇女节这天，郑可鉴率团到无锡游太湖，全团都是女士。在游太湖的游艇上，女士们凭窗而坐，喝茶吃瓜子聊天看风景。年长的胡女士请郑老板入座，她们晓得他精通汉字，且会测字解字为人出谋划策，便说："郑先生，我们几个老姐妹想创业，搞个小公司，你帮我们测个字，看看行不行。"

郑可鉴不客气地说："真的假的？这把年纪了，还创什么业？"

胡女士认真地说："退休才五十几岁，就不能创业啦？你就给我们测个'创'字，看行不行。"

郑可鉴立马掏出本儿，写了个"创"字。摇头晃脑地说："这'创'字左为'仓'，右为'刀'，你们几位都是手持刀枪，守卫仓库的女将啊。"

胡女士是爽快人，说："你别卖关子了，明明晓得我们都是搞财务的会计，说什么刀呀枪的，故弄玄虚。你说，我们创业能成吗？"

郑可鉴说："这要看你们想创什么。眼下你们都身居要职呀，你们守卫的'仓库'，里面装着金银财宝，有你们在，就安然无恙。对你们来说，这就是事业啊，还要创什么？"

胡女士说："这跟'创'字有啥关系？"

郑可鉴说："'创'字音同'闯'，'闯'就是破门而入。抢银行盗金库就要凿壁洞炸铁门硬闯进去啊。"

胡女士问："这跟我们创业有什么相关？"

郑可鉴好言劝道："我是说创业不易守业也不易。你们现在都立刀守仓库，把眼前的事办好。'仓'在前，'刀'在后，你们还有几年才退哩。眼下忠于职守，搞好财务，不出差错，更不能贪污，否则，出了事儿，那把大铡刀，就等着'仓'字上那个'人'呢。"

几句话，说得胡女士呆住了。

chuāng

疮

小篆

瘡

隶书

疮

楷书

皮肤肿烂的病——疮

古代的“疮”字是个左上包围结构的形声字兼会意字。左上方的病字头是形符，表示跟疾病有关；“疮”字右下方的“倉”字读“cāng”，作声符并会意。

“倉”字和“病字头”组合，指“皮肤肿烂的疾病”。因患的是皮肤疾病，这个与病有关，所以古人用“病字头”作“疮”字的形符。

古人为什么用“倉”字作“疮”字的声符呢？

甲骨文的“倉”字是个象形字，字形像粮仓。上面是仓顶，下面是仓底，中间是进出的门。金文大致相同，小篆使其整齐化。隶变后的楷书写作“倉”，如今简化为“仓”。

“仓”字的本义指“粮仓”，是储存粮食的地方。而人的皮肤肿胀，里面充血化脓，表示里面储存着脓和血，所以古人用“倉”字作“疮”字的声符并会意。隶变后的楷书写作“瘡”，现简化为“疮”。

“疮”字的本义指“皮肤上肿烂的疾病”，如疮口、疮痂、疮疤、冻疮、痘疮、口疮、狼疮、秃疮、褥疮、百孔千疮、满目疮痍、好了疮疤忘了疼等词语。

“疮”字由本义引申指“外伤”，如中医指刀枪等金属器械所造成的伤口为“金疮”，外伤也称“刀疮”。

“痔疮”和“佛庙盖库房”

“疮”字是个名词，通常指皮肤上或黏膜上发生的溃烂和疾病，如口疮、冻疮、痔疮等。

“痔疮”是种常见病，故称“十人九痔”。因痔疮患于人的肛门处，这属隐私部位，所以人们一般不宜提及，只有到求医问药，万不得已才向医生或药工谈及此病。

按理说，“痔疮”和“佛庙”毫不搭界，跟“佛庙盖库房”更是风马牛不相及，这儿为何将这三件事扯在一起呢？这里有个字谜故事。

即说民国年间，无锡升平巷有位杨老先生。杨老文诗书俱佳，德高望重，也算锡城著名人士，一生受人尊重。这年春末，杨老先生痔疮复发，苦不堪言。他本想让家仆去药房买药，又怕家仆张扬出去，他便想了个妙策，写了张纸条，要家仆到三凤桥同仁堂药店，交给熟悉的老药工赵胡子，让他抓药，由仆人带回。

这老药工赵胡子与杨老先生有同好：吟诗作对猜谜语，两人常互有唱和。这次杨老先生让家仆带去的纸条只有五个字：“佛庙盖库房”。老药工一看，会心一笑，为他抓了药，让仆人带回。

“佛庙盖库房”是何意思？老药工知道，杨老先生给他出了个摘顶格的字谜让他猜。

摘顶格要求谜底字数要达两个以上，且要部首相同，将部首摘去后，要能扣合谜面。杨老先生写的“佛庙盖库房”中，“佛庙”二字指的“寺”字，因“寺”即佛所在的“庙”。“库房”二字指“仓库”，这儿重在“仓”字，在“寺”和“仓”上加盖库房，即加上“病”字头，这么一来，“寺”字就成了“痔”，“仓”字就成了“疮”，“痔疮”一词就表达出来了。

这个故事是真是假，不必细究，权且当作是杨老先生跟老药工做了个猜谜游戏罢了。

chuāng

窗

甲骨文

金 文

小 篆

窗
隶 书

窗
楷 书

开在屋顶上的天窗

古代的“窗”字是个象形字，字形就像简易的窗棂，也就是窗格子。小篆的字形近似于“由”字形，“由”是古代竹木编织的圆形器具，与古代用竹木交叉做成的简易窗户相近。这种窗户，多年前在一些贫困地区土屋中可见到。

楷书的“窗”字，是个上下结构的形声字兼会意字。上面的“穴”字是形符，表示跟孔穴有关，下面的“囱”字是声符，读“cōng”。这两个字形组合在一起，指开在屋顶上的通光透气的洞口，也就是如今所说的“天窗”。

古人为什么用“囱”字作“窗”字的声符呢？“囱”字在古代是个象形字，字形像“天窗”，就是在屋顶上留个洞，可以透光，也可以出烟，后来炉灶出烟的通道就叫“囱”，即“烟囱”。这“囱”字其实是最早的“窗”字，所以古人以“囱”字作“窗”字的声符并会意。

古时将通光透气的洞口，开在墙上的称“牖”，读“yǒu”，开在屋顶的称为“窗”。

“窗”字的本义指“房屋里透光通气的装置”，如窗户。贴在窗户上的剪纸称“窗花”，指某种联系或获得信息的渠道称“窗口”，安上铁条的窗户称“铁窗”，借指牢狱生活；飞机或某些船体两侧密封的窗子称“舷窗”，同校学习的人称“同窗”，艰苦的读书生活称“寒窗”。橱窗、纱窗、吊窗、天窗、窗台等都是指“窗户”。

“窗”的故事

一天，无锡梁溪谜语研究会的朋友们在西水关茶楼聚会，人多，屋子里烟雾腾腾。小陶一边开窗透气，一边说：“马会长今天就是要谈这窗户的‘窗’字。”

马汉文跟着说：“我们这个研究会，好像市民大讲堂。大家聚在一起，相互交流，长点见识。就拿这‘窗’字来说吧，它不仅仅指窗台、窗帘了，还是吸收信息、与世界沟通的渠道，也是观察人生的平台。心灵之窗、世界之窗的‘窗’字已被赋予更深的含义。今天借这‘窗’字，各位可谈谈个人的感受，让我们分享你的心灵之窗。”

小陶说：“我就抛砖引玉吧。上个月我膝关节动手术，躺在床上，除了看书，我只能盯着一小块天窗，白天看云彩，晚上看星星。但偶尔看到云彩，难得看到几颗星星，后来我想通了，我远离窗口，犹如井蛙观天，我若贴近窗口，才能看到大千世界。人不可自我封闭，离群索居，就要像我们这样经常往来相聚。”

有一位小伙子说：“你说得对。我不管坐汽车还是乘火车，都喜欢坐窗口，田野的景色像在我身边旋转似的，飞驰而过，绿水青山，目不暇接。我觉得流动的窗口丰富多彩，美不胜收。”

赵振南缓缓说道：“老朽比各位痴长十几年。我是市二中毕业的，二中的学生刻苦好学。那时一放学，我就小跑赶到市图书馆阅览室，找个靠窗的地方坐下，做作业，预习课文。八点钟再奔回家，狼吞虎咽吃完饭，又接着复习功课。记得一个风雪交加的深夜，我有道题实在做不出，就到一同学家求教。踏进他家大门，见过道的一角，他用芦席围了个小窝当书房，边上开了个小窗，窗旁挂盏电灯，他在灯下做习题。窗旁贴着醒目的警句：‘你想睡觉了吗？离高考只有480天……’当中的数字是可变换的。我们都冻得瑟瑟发抖。我趴在小窗口，匆匆求得解答，又顶风冒雪往家赶。我忘不了那三年寒窗苦……”

供坐卧的木家具——床

chuáng

床

甲骨文

金文

小篆

床

隶书

床

楷书

古代的“床”字原先写作“牀”，这是个左右结构的形声字兼会意字。右边的“木”字作形符，表示跟木料之类有关。“牀”字左边的“爿”字读“chuáng”，作声符并会意。

“爿”字与“木”字组合，指供人在家中坐卧的家具。因指的是家中坐卧家具，所以古人用“木”字作“牀”字的形符，因家具多为木制的。

古人为什么用“爿”字作“牀”字的声符呢?

对小篆的“爿”字有两种解读。有人认为这“爿”字是古代的“墙”字，字形像筑墙用的立柱和木板。也有人认为，“爿”字像一张侧面竖放着的床，这“爿”字是“床”字的本字，是最早的“床”字。后来“爿”字作了偏旁，古人就在右边加个“木”字表义，写作“牀”，专门表示供睡觉的“床”。

隶变的楷书写作“牀”，后简化为“床”。简体字“床”可看作是个会意字。“广”字表示在屋子里，当中摆着木制的睡觉用的卧具——“床”。

“床”字的本义指“人坐卧的家具，主要用于睡觉”，如床架、床铺、床榻、床位、病床、吊床、床头柜、行军床等。由本义引申指“像床的器具”，如车床、刨床、机床、磨床等。由本义又引申指“像床一样平坦的地面”，如河床、苗床、温床、道床等。“床”字也作量词用，如两床被子。

“床前明月光”是什么床

“床”字用得很广泛，照理这个字不会写错也不会用错，但有人偏偏对李白《静夜思》中的“床”字产生了怀疑，于是有了“床”字之争。

《静夜思》脍炙人口，妇孺皆知：

床前明月光，疑是地上霜。
举头望明月，低头思故乡。

李白用极浅显、极简短又极口语化的语言，描写了他在夜深人静时抬头望月、低头思乡的感伤心情。可以想象，李白躺在床上，看到了从窗外照进屋里，直到床前的月光，如水银般白，如寒霜般亮。此时诗人睡眼蒙眬，惊疑各半，先以为是月光，后怀疑是秋霜，再举头望天空的月亮，又低头思念故乡。一连串的动作，一连串的心理过程，在短短四行二十个字中，把思乡之情表达得淋漓尽致。

但有学者提出不同见解，认为唐代还没有现代意义的床，当时人睡的是榻，这是种狭长而较矮的床。有人干脆说，当时人就是睡在草席上，就如同今日日本人铺在地板上的榻榻米。

有研究者认为，“床”是有的，但此床不是彼床，而是院子里的井栏杆。古人为防止人落井，在井口用木料搭一方框形护栏，形状似床，古人称之为“玉床”或“银床”。古诗文中常把井栏杆写作“床”。如李白《长干行》：“郎骑竹马来，绕床弄青梅。”这就是绕着井栏杆做游戏。我们可以想象，李白客居异乡，夜不能寐，披衣走到庭院，但见地上月光如霜，他手扶井栏杆这“玉床”，抬头望明月，低头思故乡，这也合乎情理。

争论到此，可归结为：李白是在室内躺床上望明月，还是在院里井台上望月亮？

看来不必争个水落石出。室内床上，室外井旁不妨碍李白疑是地上霜，低头思故乡。此床彼床，无损于这首诗的艺术光芒。又何况，文学艺术就是要调动阅读者的艺术想象啊。

chuǎng

闯

金文

小篆

闖

隶书

闯

楷书

马从中一闪而过——闯

古代的“闯”字是由“门”和“马”组成的，这是个会意字。

首先我们要弄明白，“马”与“门”相互间是什么位置？马是在门内还是在门外？看来，我们只能理解为“马”从门口一闪而过，而不能看作停留在门内或门外。

另外我们还得弄明白，为什么是“马”从门口一闪而过，而不是牛羊或虎狼？

首先要确定，与人相处的是家畜，而不是野兽。

家畜中牛、羊、驴等虽会奔跑，但其动作不如马的动作迅猛。如果细加观察，不难发现，马在进出大门时，不管有无门槛，总是提前向前一跃，这是它的习惯性动作。这个动作，是牛羊做不出来的。正因为马有这向前一跃的动作，所以“闯”字的本义就是向前猛冲，兼有无所顾忌，一往无前的意思，如横冲直闯、闯红灯、闯进去、闯关。

由于动作勇猛，就容易出事，这就是闯祸、闯乱子。

为了一定的目的而到处活动，这就叫闯荡、闯江湖。

马外加门——闯

南宋末年，昏君当道，眼看国运已到尽头了，一些有志之士纷纷投奔明主。一位身在朝野的虞姓将军，见宋朝大势已去，也萌发了离去的念头，可还没上路，就被皇帝的亲信觉察，只好留在宫中，等待机会。

这时，远在淮阴的原禁军将领萧道成，已成了国内举足轻重的人物，他听说了虞将军的情况，立刻派一名心腹悄悄混入宫内，找到了虞将军。

虞将军得知对方的来意后，忍不住长叹道："我现在就好似一匹关在棚里的战马，纵有驰骋万里之意，也是白费呀。"

对方听了，忙俯在虞将军的耳边说："既然将军把自己比作战马，为什么不在'马'的外面加个'门'呀。"

虞将军仔细一琢磨，这"马"外加个"门"，不是个"闯"字吗？想到这儿，他激动地连声喊："妙！"

数天后，虞将军带着手下一百二十名亲兵，一番恶战，终于闯出了京城。

张大嘴巴在吹气

chuī

吹

甲骨文

金文

小篆

吹

隶书

吹

楷书

甲骨文和金文的“吹”字是个会意字。字形像一个人蹲在那儿，对一物体用嘴使劲呵气的样子。这呵气状，也可理解为吹气。后来，字形变成由“口”字和“欠”字组成的合体字。

“吹”字的本义指人“撮拢嘴唇使劲呼气”，如吹灯、吹管、吹火、吹烟、不费吹灰之力。

“吹”字由吹气引申指“吹气演奏乐器”，如吹笛子、吹打、吹口琴、吹箫、吹喇叭。

“吹”字还引申指“空气流动而冲击物体”，如吹风、吹拂、吹风机、风吹雨打。

“吹”字还引申指“夸口、说大话”。据说此意来自佛教中的“大吹法螺”一词，如吹牛、吹牛皮、吹嘘、胡吹、瞎吹、大吹特吹、自吹自擂。

也有人认为，“吹牛皮”一词另有来历。在黄河上游一带，渡河的工具是用牛皮和羊皮缝制的皮筏子。这皮筏子要充气，这气全是由力气大的人用嘴轮流吹进去的。后来，人们把那些爱吹嘘、好说大话的人叫做“吹牛皮”。

“吹”字由说大话引申指“事情办不成功”，如吹台、告吹、吹灯拔蜡。

“吹”字也表示“吹捧奉承”，如吹捧、吹拍、又吹又拍。

北魏《张猛龙碑》

“口”“欠”修养才“吹”嘘

长江传媒集团有个小伙子，名叫崔大宁。这人天性活泼好动，交友广泛，讲起话来，口若悬河，滔滔不绝。他有个很不好的毛病：爱说大话、好吹嘘。同事们背地里称他“崔大牛”。

崔大宁是财务部门的小会计，外出办事时，他常以财务科长自居。在同学聚会时又把自己说成财务总监，引得好多人羡慕不已。

崔大宁最近交了个女朋友叫阿芳。他若实事求是，以诚相待，阿芳倒也蛮看中他。可崔大宁担心阿芳嫌他职位低，又没经济实力，会看不起他，于是便天花乱坠，自吹自擂起来，说自己是财务部主任，炒股赚了一大笔钱，在郊区买了幢别墅……

事有凑巧，阿芳的叔叔跟崔大宁的舅舅是同事。这两人无意间的一席谈话，揭穿了崔大宁的谎言。阿芳听了，当即和他吹了。崔大宁痛不欲生，怪舅舅多管闲事，毁了他的终身大事……

俗话说“天上老鹰大，地下娘舅大”。舅舅关心外甥，特地请大宁到家里喝酒，一边开导他，一边教育他。

舅舅语重心长地说：“大宁呀，我是亲眼看着你长大的。你坏就坏在一个‘吹’字上。你好说大话爱吹嘘，这是个坏品质呀。你看看，这‘吹’字，左边是‘口’，右边是‘欠’，‘口’中‘欠’什么？对你来说，你口中欠缺的是修养，欠缺的是道德。你没有那么大的能力，再加上‘口’‘欠’修养，又欠道德，所以你就靠吹嘘来欺骗别人。其实，你骗得了一时，能骗得了一世吗？你骗得了一人，能骗得了众人吗？你吹来吹去，是毁了自己啊……”

舅舅的这番话，说得崔大宁低头不语。

chuī

炊

小篆

炊

隶书

炊

楷书

用嘴吹火做饭菜——炊

“炊”字是个左右结构的形声字兼会意字。左边的“火”作形符，表示跟火有关；右边的“欠”字作声符并会意，这两个字形组合在一起，指“烧火做饭菜”。

古人为什么用“欠”字作“炊”字的声符呢？因为这个“欠”字在这儿是“吹”字简省的写法，读“chuī”。旧时的锅灶烧水煮饭都烧柴草，要使灶膛里的柴草火势旺起来，要用嘴吹气，火旺后才便于烧火炒菜，所以古人用“欠”字作“吹”字的声符兼表意。

楷书的“炊”字字形由小篆演变而来，写作“炊”。

“炊”字的本义指“烧火煮熟食物”。

有关做饭做菜的工作称“炊事”，从事这项工作的人员称“炊事员”，烧火做饭时冒出的烟称“炊烟”，刷洗碗筷等炊事用具称“炊帚”。用铜铁等制成的烧水的器具，供沏茶用称“茶炊”，也称“茶汤壶”。穷得没有柴米做饭称“断炊”，在野外烧火做饭称“野炊”。若是没有米，再巧的媳妇也做不成饭菜，称“巧妇难为无米之炊”。

武大郎卖“炊饼”

避讳这种习俗，在中国流行两千多年，不仅避讳皇帝及皇帝祖先们的名讳，还得避讳自己祖先的名讳，这得掌握多少汉字，得有多大的学问才能做到万无一失啊。避讳这种习俗，是全民性的，人人都得遵守。无论是达官贵人、朝廷大臣，还是读书识字的秀才文人，或是务农经商，贩夫走卒，都得懂点避讳知识。俗话说“逢到矮人不说短话”，就这个道理。

平民百姓，大多数是文盲。碰到实在繁琐的，他们也有办法对付。如宋朝初年，开国皇帝宋太祖名赵匡胤（yìn）。当时有种祭祀用的香称“印香”，这名称与“胤”字读音相近，不能随便乱喊，这些卖印香的小贩又找不出相应的字替代，就以敲铜锣来代替。这也是没办法的办法。但总不能满大街都敲锣打鼓啊。

我们从《水浒》中得知，打虎英雄武松，他有个哥哥叫武大郎。此人是卖“炊饼”为生的。这“炊饼”二字，经专家们探讨，竟与避讳学有关。据考证：“炊饼”原称“蒸饼”。宋仁宗名叫赵祯（zhēn），这个字与蒸（zhēng）字谐音，虽说相差个鼻韵母，但一般方言中是听不出来的。为避仁宗皇帝姓名之讳，就将“蒸饼”改为“炊饼”。施耐庵写《水浒》时，如实按实际生活写作“炊（chuī）饼”。这就难坏了后世的读者和对汉字情有独钟的爱好者们。他们私下或在网上探究：“炊饼”究竟是个什么样的食品？若按原先说的“蒸饼”，应该是锅下生火烧水，用蒸汽将米面之类蒸熟而成的食品，如馒头、糕点之类。若说是“炊饼”，是否是用壁炉里的火烘烤而成的食品呢？就如同今日的烧饼或新疆的馕（náng）之类的食品？

要搞清楚这个问题，意义不大，反正武大郎是个卖饼的。但这个小细节告诉我们，避讳习俗，还是给后代子孙带来了点麻烦。

草木生土，花叶下垂

chuí

垂

甲骨文

小 篆

垂
隶 书

垂
楷 书

甲骨文的“”字是个象形字，字的形状就像草木生长在土地上，上面的花和叶子下垂的样子。就其事物来说，指的是花朵；就其形象来说，是下垂的意思。有专家认为，甲骨文的“”字，是“華”字和“花”字的本字，也是最早的“垂”字。而“華”是“花”的本字，“華”后来简化为“华”，俗写作“花”。“華”字被引申义所用，所以古人另造“花”字专门表示花朵之义。而“垂”字又形象地体现了花叶下垂的样子，所以古人用“垂”字表示“下垂”之义。

金文的字形由甲骨文演变而来，差别不大。小篆的字形由金文演变而来，但较为繁化，在原有的字形下加了个“土”字，变成了一个上下结构的形声字，指植物扎根土地上，花和叶子下垂。隶变后的楷书写作“垂”。

“垂”字的本义指“低下来，耷拉（dā la）下来”。人低着头称“垂头耷脑”；钓鱼时鱼钩下垂到水中，故称“垂钓”；柳树枝细长下垂称“垂柳”，也称“垂杨柳”；帘子是垂下来的，所以称“垂帘”，也指封建时代皇太后掌握朝政，称此为“垂帘听政”。还有垂挂、垂手、低垂、垂泪、垂耳、垂线、垂涎、垂直线、垂直面等词。

“垂”字由本义引申指“传下去”，如名垂千古，永垂不朽。给下级或晚辈示范做榜样称“垂范”。“垂”字由本义又引申指“将近、快要”，如垂暮、垂危、垂死挣扎、功败垂成。“垂”字作敬词用，指“承蒙”，如得到重视，被人看中称“垂青”；长辈对自己的关爱称“垂爱”。有垂问、垂念、垂询等词。

“垂”与“垂青”

“垂青”一词，出自《晋书•阮籍传》。三国后期，魏国有位名士叫阮籍，此人博览群书，学富五车，尤其崇拜老子庄子的哲学思想。这人个性张扬，轻视礼法，爱饮酒吟诗，常与嵇康、向秀、山涛、刘伶、阮咸、王戎六人在竹林聚会，饮酒清谈，故称“竹林七贤”。

阮籍是个性情中人，他对人的好恶都放在脸上，这种态度都从他的目光中表现出来。凡与他志趣相投，他十分信得过的人，他就用青眼看他。所谓用青眼看，就是用黑眼珠子看。凡他认为是俗气的人，他所鄙视的人，他就仰着头，翻白眼，不用正眼看，以显示自己的不满与蔑视。

这一年，阮籍的母亲去世，朋友们前来吊丧。好友嵇康的哥哥嵇喜也来吊丧。阮籍认为嵇喜是个庸俗之辈，看到他时以白眼视之，气得嵇喜转身就走。

嵇喜刚走，嵇康来了。阮籍把他视为好友，立即换了个眼神，他欣喜地迎上前去，用青眼相视，与看嵇喜判若两人。

阮籍用青眼、白眼看人，这事广为流传，于是就留下了“白眼”和“青眼”这两个词。

“白眼”，指看人时将眼珠子向上或向两旁看，这样，眼睛里露出来的大部分是眼白，形成了白眼。这“白眼”显示出来的怒视、鄙视和厌恶神色，被看的人所感受的是被蔑视、被污辱、受怠慢的感觉，这就是“受人白眼”。

用黑眼珠看人，眼神充满热情与尊重，这就是“垂青”。“垂青”中“垂”字是垂直直视的意思，青就是“青眼”，因而“垂青”就有用正眼相看，表示对人尊重之义，而被看的人就有受尊重、受重视、受信任的喜悦之情。

称重的金属块——锤

chuí

锤

“锤”字是个左右结构的形声字兼会意字，左边是“金字旁”作形符，表示跟金属有关；右边的“垂”字读“chuí”，作声符并会意。

“金字旁”跟“垂”字相组合，指“称重的金属块”。因指的是金属块，所以古人用“金字旁”作“锤”字的形符。

古人为什么用“垂”字作“锤”字的声符呢？

甲骨文、金文及小篆的“垂”字都是象形字，字形就像草木树叶花朵下垂的样子，所以“垂”字有物体一头向下垂落的意思。任何物体都有一定的分量，物体下垂也就成了重量。而称重的金属块其作用就是为了测量物体的轻重，跟物体下垂有十分密切的关系，所以古人用“垂”字作“锤”字的声符兼表意。

楷书的字形由小篆演变而来，写作“锤”。

“锤”字的本义指“称重的金属块”，如“秤锤”，就是称物品时用来使秤平衡的金属锤，也叫“秤砣”。

“锤”字由本义引申指“敲打东西的工具”，如小锤子。钉钉子的小铁锤称“钉锤”，还有气锤、风锤、汽锤等。由“敲打东西的工具”引申指“用锤打击”，如磨炼称为“锤炼”，也称“千锤百炼”。

“锤”字引申指“像锤子的器具”，如纺纱用的“纺锤”。

小篆

鍾

隶书

锤

楷书

一对千“锤”百炼人

明朝洪武年间，福建山区有个小县城，民风淳朴，这儿的民众安居乐业。眼下正是年底，进城置办年货的络绎不绝，市面十分繁荣。这小县城之所以治理得如此祥和昌盛，跟该县县令陈苏有关。陈苏是殿试考中进士被朝廷委派到这儿的。他聘用自己的同窗好友刘宗元任县衙文书，两人齐心协力，才把小县城打理得如此这般。

我们在古代小说和民间故事中，所看到的县官大多是凶神恶煞，鱼肉百姓；要不就是目不识丁，愚蠢透顶。其实也不尽然。喊出“当官不为民作主，不如回家种红薯”这句口号的不就是个七品芝麻官么？陈苏和刘宗元这两位，也说得上是关心民众疾苦的小县令。

这天傍晚，他俩沿着三里长街一路走去，到了街尾，见一铁匠铺里炉火正旺，夫妇俩忙得正欢。女的拉风箱，男的叮叮当当地打铁镇钉，摇篮里的孩子哇哇地哭，更显热闹。陈苏二人走进屋里，夫妇俩忙不迭丢下手里的活儿迎接贵人。妇人抱起孩子，男子把凳上几张红纸挪开，为客人让座。陈苏笑道：“这是留着写门联的吧？县衙文书就在这儿，他的字写得可好了，请他给你写一副啊。”这一说，夫妇俩激动得不知说什么才好，急得连连搓手跺脚慌了神。男子跌跌撞撞地跑出门，向邻家借来笔墨和砚台。刘宗元也不推让，经一番推敲，挥笔写下一联：

两间火烤烟熏屋
一对千锤百炼人

这上联写出了铁匠夫妇的生活环境，下联赞赏了这对夫妇所从事的工作，一语双关地夸他俩是千锤百炼的人。“锤”“炼”二字，用得恰到好处。

这时，左邻右舍见县官老爷在铁匠铺，纷纷赶了过来，陈苏索性坐下，跟他们攀谈起来……

在漫长的历史长河中，出现这样祥和的场景也不奇怪。如若都是血雨腥风，势不两立，那么，中华五千年文明史，哪有文明二字呢？

阳光下草木生长——春

chūn

春

甲骨文

金 文

小 篆

春

隶 书

春

楷 书

无论是甲骨文、金文还是小篆，所书的“春”字，字形虽然有些不同，但都有着共同的几个元素。它们都是由“草木”和“日”字来会意“春”字，表示春天来临，大地暖洋洋的，草木茂盛，一幅春意盎然的景象。另外，它们都用“屯”字来表示读音。到了后来的隶书，才变成今天的字形。

在古代，“屯”字读“zhūn”。“屯”字就像草木初生，曲折而又艰难的形状。将“屯”字放在“春”字里，更能显示出春天的内涵。

“春”字表示一年中第一个季节的开始，如春季、春节、春联、春假、春风等与春天相关的词。

春天，充满生机，充满活力，于是就有了青春、春华秋实、春晖等美好词汇。

唐·怀素《秋兴八首》

东晋·王羲之

三人为众打日寇——春

“春”字的故事很多，最生动的，莫过于陶行知说的“三人为众打日寇”的传说了。

陶行知是中国现代著名的教育家，抗日战争时期，他特地从海外回来参加抗日救亡活动。

这天，陶行知到一所保育院看望无家可归的受难儿童。在保育院，他把孩子们集合到一个大教室里，为孩子们讲课。

讲课时，他把一个大大的“春”字写在黑板上，说：“大家看，在这个‘春’字里，我们就仿佛能看见中华民族的希望。”孩子们歪着脑袋看了半天，也没看出个所以然。只听陶行知解释说：“‘春’字是由‘三’和‘人’还有‘日’这三个字组成的。三人为众，只要全国人民团结起来，就可以把日本帝国主义打倒！”

孩子们听了这番通俗有趣的讲话，不仅认识了“春”字，长了知识，还产生了爱国热情。

原始的蚕丝——纯

chún
纯

甲骨文

金文

小篆

純
隶书

纯
楷书

“纯”字是个左右结构的形声字兼会意字，左边的“绞丝旁”指丝，表示跟丝麻之类有关；“纯”字右边是“屯”，读“tún”，作声符并会意。“丝”与“屯”组合在一起，指“最原始的丝”。因指的是最原始的丝，这跟丝有关，所以古人用“丝”字作“纯”字的形符。

古人为什么用“屯”字作“纯”字的声符呢?

甲骨文、金文及小篆的“屯”字都是象形字。字形就像豆类植物发芽时艰难曲折地拱出地面的形状。金文将上面的叶子变成了小点儿。小篆将小点儿变成一横，并将下边弯曲，隶变后的楷书写作“屯”。

“屯”字的本义指“植物艰难地拱出地面”，因此“屯”字有“当初”“开始”“原始”的意思。“屯”字与“丝”字组合在一起，指这丝是原始的蚕丝，故有纯正，正宗之义，所以古人用“屯”字作“纯”字的声符并会意。

楷书的字形由小篆演变而来，写作“純”，现简化为“纯”。“纯”字的本义为“原始的蚕丝”。

“纯”字由本义引申指“不杂、单一”，如不掺杂别的成分的称“纯粹”，物质含杂质多少的程度称“纯度”，没有杂质污点称“纯洁”，纯洁真诚称“纯真”；纯粹，不含其他成分称“纯正”。还有单纯、纯化、纯净、纯朴、纯音、提纯、纯种等词。

“纯”字还由本义引申指“熟练”，如十分熟练称“纯熟”。

“纯”字不宜作谥号

文字是记录语言的符号。文字本身无所谓凶吉祸福，它仅供人们灵活运用，表达自己的感情和叙述各种事物。例如测字、解字、解梦、制谜、书法、韵律、避讳等现象。

说到汉字的避讳，那真是一言难尽，也可以说是“罄竹难书”。在历史上，不知有多少人因为一句话或一个字而犯了忌讳，因此被关进大牢人头落地乃至满门抄斩，这便是臭名昭著的“文字狱”。

每个朝代的帝王，对年号、朝代号、庙号、谥号都十分重视，每一次年号的拟定，都要召集文武大臣和文化学士反复斟酌，几经商讨才能定下来，似乎要把千秋大业都寄托在这一两个汉字上。

据宋代周密写的《齐东野语》记载，南宋理宗赵昀（yún）死后，要为他定个谥（shì）号，也就是帝王贵族死后，依其生前事迹所给予的称号。在商讨谥号名称时，数易其字，最后定为“理”字。因为宋代崇尚儒家的理学，而天下又以道理为最大，所以定为“理宗”，大家都表示赞同。但也有不少文人持不同见解，认为将“理”字拆解后，是“四、十、一、王”四个字。即“理”字左边是“王”字，右上角可当作“四”字，右下角又可分为一个“王”字。他们把这综合为“四十一年王者之象”，并认为，把千秋万代的大宋江山，变成四十一年，这也太不吉利了。如此荒谬，实在可笑。

十年后，宋度宗赵禥（qí）死了，君臣们在为他拟定谥号时，有人主张以“纯”字作他的谥号，但有的人认为“纯”字中左有绞丝旁，这“丝”字有纠缠不清理还乱的意思。“纯”字右为“屯”字，此字读（tún），有草木初生，破土艰难之义，表示迟迟不进和困顿不得志，显得很不吉利，最终被否决。有大臣建议用“正”字，但随即有人反对，说正字拆开是“一止”二字。万年江山，怎能一开始就停止？“正”字也被否决。最后选中“度”字。

从以上几个事例看，古代的文字避讳，开始并不复杂，后来变得越来越繁复，名称和实物越来越混乱，也为后代人使用汉字增加了不少困难。

嘴边缘红色部分——唇

chún

唇

“唇”字是个上下结构的形声字兼会意字，下面的“口”字作形符，表示跟嘴巴有关；“唇”字上面的“辰”字读“chén”，作声符并会意。

“辰”字与“口”字组合，指人嘴边缘红色的部分。因是指人嘴边缘红色的部分，这跟“口”字有关，所以古人用“口”字作“唇”字的形符。

古人为什么用“辰”字作“唇”字的声符呢？

甲骨文、金文的“辰”字是象形字。有人认为“辰”字像古人用大海里的蚌壳制作的蚌镰，这是一种用来翻地的农具。但也有人认为，此说法不妥。“辰”字像藏在地下，躯体蜷曲、有环节皱纹的农田害虫，如豆虫之类。上面短横像地表，下面的部分像惊蛰到来时，豆虫蠢蠢欲动的样子。

不管是豆虫还是蚌或蛤（gé）蜊，都属软体动物。而人的嘴唇也是柔软的，嘴唇开合跟蚌壳开合相似，所以古人用“辰”字作“唇”字的声符并会意。

楷书的字形由小篆演变而来，写作“唇”。

“唇”字的本义指“嘴”唇，人或某些动物口的周围的肌肉组织通称“嘴唇”；嘴唇和牙齿称“唇齿”；言词也称“唇舌”，形容双方争辩激烈，言辞锋利称“唇枪舌剑”；形容说话不多，费尽唇舌称“舌敝（bì）唇焦”。还有唇红齿白、唇笔、唇齿音、唇线、唇吻等词语。“唇”字由“唇齿”引申指“关系密切”，如唇齿相依、唇亡齿寒。

小篆

隶书

楷书

“唇”与“唇亡齿寒”

距今两千七百多年前的春秋时期，有大小国家一千多个。晋国算是头等大国了，疆域大约囊括今日山西的大部和河北的南部，在它旁边有两个小国。一个叫虢（guó）国，在今日山西平陆县一带；一个叫虞国，在今日山西平陆县东北一带。晋国想把这两个小国占为己有，计划先打虢国。但晋军要攻打虢国，必经虞国。如果虞国出兵阻挡，很可能和虢国联合起来对付晋国。一手难敌双拳，晋国国君晋献公有点为难了。大夫荀息献计道：“吾王不必担忧，可用我国产的良马和美玉作礼物，由臣送往虞国，请虞国国君借路让晋军通过。谅他不会反对的。”

晋献公道：“良马和美玉是晋国宝物，怎可轻易送给小国之君？”

荀息笑道：“小国之君，如今派大用场啊。再说这良马美玉，只是暂时存放在那儿，待大事告成，那时连虞国也在囊中，就如同放在自己家里啊。”晋献公听罢，恍然大悟，派他依计行事。

荀息带着良马和美玉来见虞国国君。虞国大夫宫之奇得知荀息来意，连忙劝虞王千万别上当，绝对不能借道给晋军，他声泪俱下地请求道：“大王啊，虢虞两国，紧密相连，一表一里，辅车相依，唇亡齿寒，如虢国灭亡，虞国也难保啊。”

宫之奇说的“辅车相依，唇亡齿寒”，是比喻虢虞两国紧紧相依，安危与共。这儿的“辅”字，指嘴旁边的颊骨；“车”字指牙床骨。这话的意思指颊骨和牙床骨一表一里，互相依靠，比喻两者关系极为密切，相互依存。“唇亡齿寒”，指嘴唇和牙齿也是表里相依的。嘴唇如果没有了，牙齿失去保护，就要挨冻受寒。

宫之奇这番精辟的分析和拳拳爱国之心，并未说服贪婪愚蠢的虞国国君，他借道给晋军，让晋军灭了虢国。待晋军返回时，又顺手灭了虞国。虞国国君当了俘虏，他收下的良马美玉又回到了晋献公手里。

春天虫儿蠢蠢欲动

chǔn

蠢

“蠢”字是个上下结构的形声字，上半部是“春”字，用作声符；下半部是两个“虫”字，用来表示所有虫类。

春天万物生长，冬眠后的虫儿纷纷从洞里爬出来或飞出去。大家知道，虫类爬动时，都呈蠕动状，所以“蠢”字所表示的“动”，也多指弯曲扭动的蠕动，所以有了“蠢蠢欲动”的成语。

由于昆虫刚从冬眠中醒过来，还不能适应周围环境，它们的动作显得很笨拙，所以“蠢”字又用来表示愚蠢、愚笨、笨拙的意思。

金文

小篆

蠢
隶书

蠢
楷书

【瓦当欣赏】

战国画像瓦当

三人为两虫忙一天——蠢

关于“蠢”字，有一段“三人为两虫忙一天”的笑话。

蠢，表示愚蠢、笨拙。古人造字，为什么在“春”字下面放两个“虫”就算“蠢”呢？

有三个学中文的大学生，对这个“蠢”字的造字原理争论了半天，也没争出个结果。

这天一大早，三个人就开始打扫宿舍。因为他们怀疑，床上可能有可怕的臭虫，他们齐心协力，翻箱倒柜，一直忙到天黑，也没找到一个臭虫。

三个人精疲力竭，各自躺在床上，闭目养神。这时，其中一位忽然一跃而起，哈哈地笑着说：“我明白啦，我们三个人忙了一天，就为了两个臭虫，这就是‘蠢’啊。”

另外两位听了，一位附和着说：“也算是一家之言吧。”

还有一位很认真地说：“你这种解释，只能算是戏说汉字，不能当作科学论文。”

cí

词

金文

小篆

詞

隶书

词

楷书

说出来的话——言词

古代的“词”字，是由“言”和“司”组成的会意兼形声字。原来的写法是，上面是“司”字，下面是“言”字，楷书时改为左右结构，后简化为“词”。“言”表意，“司”兼表读音。

先说“言”字。在甲骨文中，“言”字是个指事字。下面是个“舌”字，上面一横表示“言”从口出，也就是由舌头滚动说出话来。小篆的“言”字，是个上下结构的形声字。上面是个“辛”字，表示读音，下面的“口”字表示声音从口中发出来。“言”的本义是“说话、讲话”。

在“词”字中，“言”的作用就是言语，用以表达思想的语言。

再说“司”字。“司”字在甲骨文和小篆中是个会意字。字形像一个人用手遮住口，在大声发号施令，其本义是“掌管、主持”，表示以此为主，所以有司令、司法、司机这些词。

“言”字作偏旁和“司”字组合在一起组成“词”，就有意在于内，而言发于外的意思，也就是思想靠语言来表达，所表达出来的就是文言、词句。这也就是“词”的本义，如言词、义正词严。

词也指诗歌、文章、戏剧中的词句，如戏词、唱词、歌词。

词是一种韵文形式，又称长短句，如宋词、词话。

词是语言里最小的、可以自由运用的单位，如词根、词汇、同义词、反义词。与词组合的有词典、词法、词义、词句、词组等。

词女之夫

词是中国诗歌的一种，又称乐府、长短句、诗余、琴趣等。

词始于南朝，定型于唐朝中期和晚期，盛行于宋代，原指合乐歌唱的歌词。词有许多不同的词调，词调有不同的名称，叫做词牌，如西江月、如梦令。

在中国文学史上，有许多著名的词人，如范仲淹、欧阳修、王安石、陆游等，还有杰出的女词人李清照。这里讲的，就是跟李清照有关的一个故事。

相传，宋代有位宰相，名叫赵挺之。赵宰相有个儿子名叫赵明诚。赵明诚因为生活富裕，爱好诗词，并致力于搜集和赏玩书画金石，是当时著名的金石学家。

赵明诚年轻时好读书。一天，他读书至深夜，夜里做了个梦。第二天一早，他对父亲说："儿昨夜做了个读书梦。梦境大都记不起来了，只记得一本书上有三行字。"

父亲问："哪三行字？"

赵明诚说："书上写着'言与司合，安上已脱，芝芙草拔'不知何意。"

赵宰相听罢，为儿子解梦道："'言与司合'，这是'词'字，'安上已脱'，就是个'女'字，'芝芙草拔'，应为'之夫'。我儿不久将做'词女之夫'了。"

果然，不久赵明诚与吏部员外郎的女儿，善写词的才女李清照结为夫妻。

cí

瓷

小篆

瓷
隶书

瓷
楷书

用黏土烧制的瓷器

“瓷”字是个后起字。在《说文解字》中未收入。

古代的“瓷”字是个上下结构的形声字兼会意字。下面的“瓦”字作形符，表示跟砖瓦陶瓷制品有关。上面的“次”字作声符并会意，读“cì”。这两个字形组合在一起，指一种用黏土烧制的，其质地要比陶器更细致更坚硬的器物。因为这器物是用黏土烧制的，与陶器制作和砖瓦制作是同一种制作方式，所以“瓷”字以“瓦”字作形符。

古人为什么用“次”字作“瓷”字的声符呢？因为瓷器的制作要经过两道重要工序。首先要用黏土制成泥坯，将这泥坯放进窑（yáo）里烧制成粗瓦器，再在粗瓦器上涂上釉，然后再放进窑里，经过第二次烧制，才能将原先的粗陶器烧制成细致精致的瓷器。“次”字有从第一次到第二次之义，所以古人用“次”字作“瓷”字的声符并会意。

楷书的字形写作“瓷”。

瓷字的本义指“颜色白，质地坚硬的器物”，如瓷器。瓷质的瓶子称“瓷瓶”，烧制瓷器的高岭土称“瓷土”，瓷土烧制成的建筑材料、表面有釉质称“瓷砖”，陶器和瓷器称“陶瓷”，还有搪瓷、瓷漆、青瓷等跟瓷字相关的词。

“瓷洗太后”和“慈禧太后”

网络世界，广袤无垠，人群难以计数，各路英雄好汉，手持十八般兵器，各怀绝技，在这个世界里闲逛闯荡。有路见不平，拔刀相助者；有见利忘义，偷鸡摸狗者；有诗兴大发，吟诗作对者；有满腹经伦，著书立说者……于是便有了网络写手，网络文学，时不时还会出现许多精彩的小段子、小笑话。这许多构思精巧、语言生动、让人欢声大笑的幽默小品，博人一笑，无伤大雅，堪与幽默大师、相声名家的作品相媲（pì）美。“高手在民间”，此话不假。

近日网络上有个小段子，利用汉字的谐音，讲了一连串的名词，让人喷饭。

却说武汉街头有个修自行车的摊点，修车师傅的主业是补自行车轮胎。这位师傅真是高才，他在路边树枝上挂个破轮胎作招牌，旁边写着“拿破仑修车点”六个大字，路人都夸他有创意。

紧靠“拿破仑修车点”是一家电焊店，电焊工受此启发，也将店名改为“汉武帝电焊铺”。他巧妙地利用了“汉武帝”中“汉”“焊”谐音和“帝”“电”谐音，借用古人大名扬自家小店之名气，博得路人的眼球。

与“焊武帝电焊铺”相邻的卖糕点的店老板坐不住了，忙请补轮胎的师傅和电焊师傅帮忙出主意。三人经一番商讨，决定将这糕点升格为“汉高祖糕点店”。利用“糕”与“高”谐音，将“糕点”与“高祖”牵扯到一起，这店名就更响亮了。

“汉高祖糕点店”老板为谢两位师傅相助之恩，便请二位到街对过一饭店吃饭。三人刚坐下，从厨房走出一位眉清目秀的大婶出来打招呼。“拿破仑修车点”师傅介绍说：“这是我老婆，一块儿出来打工，没别的事可干，就在这店里洗洗碗。”

二人问：“怎么称呼？”

修车师傅朗声道：“店里伙计见她年龄大了，就喊她洗碗阿姨。我想，那算什么，就给她起了个大名‘瓷洗太后’。她整天洗瓷碗瓷盘，跟慈禧太后攀个亲也好嘛！”

cí 辞

诉人有罪的言辞

小篆的“辞”字是个左右结构的会意字，写作“辭”。左边是个“𤔔”字，这个字读“luàn”；右边是“辛”字。这两个字形组合在一起，指“治理罪人和犯罪案件”。

“𤔔”字有治理的意思，所以“辭”字从“𤔔”。因为“辛”字有在俘虏和有罪人额上刻字之义，一般用来指犯罪的人，所以“辭”字从“辛”。

小篆的字形由金文演变而来。楷书的字形由小篆演变而来写作“辭”。金文的“辭”字写法有多种，其中有个俗体字写作“辞”，后来成了楷书的简化字，如今成了正体字。

用“舌”字与“辛”字组合成“辞”也很有道理。

治理罪人和犯罪案件，很重要的一点是把事实讲清楚，把道理说明白，这样在法庭上或大堂上双方辩论，法官判决，都要用嘴讲，用言辞来表达，进行辩论，所以“辞”字的本义指“讼辞、口供”，如辞讼（sòng），“讼”指在法庭上争辩是非曲直。

“辞”字由本义引申指“语言”“词语”，如辞典、辞语、辞书、辞藻、辞章、措辞、说辞、文辞、修辞、外交辞令等。由上义又引申指“古典文学的一种体裁”，如辞赋、辞林、辞令、辞牌等。又指“告别”，如辞别、辞行、告辞。由此又引申指“离去”，如辞职、辞官、辞去。由“告别”又引申指“推托、躲避”，如辞让、辞谢、推辞、义不容辞。由“离去”又引申指“解雇”，如“辞退”。

“辞”字也作姓氏用。

辭 金文

辭 小篆

辭 隶书

辞 楷书

“辞旧迎新”和“磁旧迎芯”

现在的广告词，满街都是，为吸引人的眼球，制作者挖空心思，翻新花样，看得人眼花缭乱。特别是对成语俗语的改装利用，已到了五花八门，让人叹为观止的地步。为了净化语言文字的纯洁性，相关部门的一些措施是必要的，理应受到人们的理解和支持。

却说春节前，有家银行要推出一种新型的银行卡，召集了几位广告设计师和语言文字专家，请他们设计一句简洁的广告词，告之广大客户，银行将以一种新型的芯片卡取代原有旧式的磁条卡，要大家将旧磁卡带来换芯片卡。银行行长要求专家们既要表达出用旧磁卡换芯片卡的意思，又不能违背语言文字的规范化。

专家们冥思苦想，一时找不到合适的句子。张教授是研究语言文字的专家，他沉思了好久，这时烟瘾上来了，忍不住到阳台吸烟。他见马路对过的几户商家，已在大门上贴春联了，诸如“欢度春节”“招财进宝”“吉祥如意”之类。其中有一条“辞旧迎新”的横幅，让他心里“咯噔”了一下。他轻轻地读了几遍，立马灭了烟头，转身回屋，兴奋地对大伙儿说：“嗳，各位用‘磁旧迎芯’这四个字怎么样？”

大家一愣，一时没回过神来。张教授用手比画着说：“马上过年了，这就是辞旧迎新。我们号召大家用旧磁条换芯片可浓缩为‘磁旧换芯’，就是说磁条过时了，陈旧了，也可说成磁旧了，该换芯片了。我们利用‘辞’与‘磁’谐音，‘芯’与‘新’谐音，借‘辞旧迎新’这俗语，表白辞别旧磁条迎接新型的芯片，这个宗旨，既表达了意思，也不违规啊。”

大家沉默了片刻，一致鼓掌通过。没几天，满大街贴出了“磁旧迎芯”的广告牌，与“辞旧迎新”的条幅遥相呼应，人们都报之以会心的一笑。

cí

慈

金文

小篆

慈

隶书

慈

楷书

长辈对幼小的慈爱

古代的“慈”字，是个上下结构的形声字兼会意字。下面的“心”字是形符，表示跟人的心理活动有关；上面的“兹”字作声符，读“zī”；这两个字形组合在一起，指“长辈对幼小出自内心的关爱”。

对人的关爱，是一种心理活动，所以“慈”字以“心”字作形符。

古人为什么用“兹”字作“慈”字的声符呢？因为“兹”字有“草木生长和草木茂盛”的意思，亦有“抚育得法，得到滋补，能健康成长”的意思。“慈”字指关爱幼小，所以“慈”字以“兹”字作声符并会意。

小篆的“”字是由金文演变而来的。隶变后的楷书写作“慈”。

“慈”字的本义指“可亲可爱，十分和善”，如在佛教用语中，慈善和怜悯称“慈悲”；仁慈而爱人称“慈爱”；慈祥和蔼称“慈和”；仁慈善良，富有同情心称“慈善”；和善安详称“慈祥”；仁爱慈善称“仁慈”；慈眉善眼、心慈手软、大慈大悲等都指和善可亲。

父母的容颜称“慈颜”，慈祥的容颜称“慈颜善目”。

“慈”字也用来指自己的母亲，如家慈、慈亲。

“慈”字也作姓氏用。

心“慈”手软

这天，无锡梁溪谜语研究会的朋友们在会长马汉文家小聚，只见马汉文年近九十的老母亲戴着老花眼镜，正为儿子的一件旧衣服钉纽扣。

赵振南感叹道：“马兄六十多了，上有慈母，也算一大幸福啊。”

马汉文说：“古人把母亲称为家慈、慈亲很有道理。我的母亲一直是个慈祥善良的人。”

坐在一旁的小陶，忙不迭地翻阅手中笔记本，找出有关“慈”字的字谜说：“‘兹因甲心，和善可亲’，这个字谜语言平和，把‘慈’字拆解得很简洁，最后还作了点提示，算是谜中上品。”

马汉文一边翻阅字典，一边说：“‘慈’字上面的‘兹’字应该当作‘滋’字讲，如滋生、滋长、滋养。这就是说‘慈’字不仅仅指用水浇灌，更是用心去滋养，这才称得上是慈。有慈爱之心，才会做慈爱之事，才能做到心慈手软，不干坏事。”

赵振南说：“说到‘心慈手软’，我来讲个故事。”

十年动乱年间，赵振南曾在一所中学当教师。他班上有个孤儿叫沈连宝，他的生活费由户籍警代为掌管，每月十五元。小学三年级时，他嫌钱少吃不饱，便在黑板上写了打倒之类的标语，公安局拍照留档，当作反革命案件处理。沈连宝进了中学，全国搞“一打三反”运动时，这案件旧事重提。学校政工组长凌厉，原是市法院法官，下放到学校的。此人一脸凶相，却有副菩萨心肠。他要赵振南到市公安局查看有无当年的照片，如有，带回来交专案组立案追查，如无，此事便一笔勾销。

老凌一边开介绍信，一边语重心长地说：“老赵，我们要行行好事，对孩子负责啊，你心里要有数啊！”

赵振南心领神会。他在市公安局成千上万张照片中，按年月找到了那张照片。他手拿照片，沉思了一会，将照片插到别的纸袋里，回来向老凌汇报：“没查到照片。”老凌握了握他的手，什么也没说，一切都在不言之中。

赵振南把这称之为“心慈手软”。

cǐ

此

甲骨文

金文

小篆

此

隶书

此

楷书

到此为止

甲骨文的“”字，是个左右结构的形声字兼会意字，左边是一只脚趾朝上的脚，这就是“止”字，作声符，读“zhǐ”；右边是一个反写的“人”字，作形符，表示跟人有关；两形合一，指人脚步停止的地方。

也有人认为，甲骨文、金文、小篆的“此”字都是会意字，左边的“止”字表示脚，右边的“匕”表示人，两形合一，表示脚踩一人之意，本义指“脚踩一人”。

还有人认为，古代的“此”是一个会意字，左边的“止”表示人用脚在向前行走；右边的“匕”读“bǐ”，呈短刀短剑的形状，这就是我们常说的“匕首”，是杀人的武器。向前行走的人见有凶器刺来，不得不停下脚步，到此为止。这种说法，把右边的字形由反写的“人”字，解释为“匕首”，就如同人们解释“死”字时，把右侧的“匕”字由“人”字解释为匕首一样。

“此”字的本义指“人的脚步停止的地方”，指“这儿、这里”，如此地、此后、此间、此外、从此、由此、至此、此起彼伏、此一时彼一时。

“此”字由本义引申指“这、这个”，如此岸、此刻、此时、彼此、此前、特此、为此、因此、值此、顾此失彼、由此及彼、厚此薄彼。

“此”字又引申指“这样”，如故此、就此、如此、何至于此、长此以往。

哥哥为弟弟测“此”字

古代测字的种类分好几种，但主要是以字求测为主。

以字求测大都是由求测字的人随意取一个字，请术士测解。这个字，一般都是从测字先生所备的布袋里摸出来的。

南宋末年，浙江临安有个读书人名叫王文杰，他为养家糊口，放弃科考，当了个测字先生。此人头脑灵活，又能说会道，不久便出了名，也算个测字大家了。

这天一大早，有个中年汉子，哭丧着脸找上门来，求王文杰测个字，看他在徐州的弟弟病情好转没有。一月前他就接到弟弟托人捎来的信，说自己两腿肿胀，不能行走，暂时回不了家。

王文杰将装满卡片的布袋递给中年汉子，让他摸个字。汉子伸手一摸，是个“此”字。

王文杰将“此”字拿在手里，耸了耸肩膀，又连连摇头说：“哎呀呀，当哥哥的为弟弟求测，摸到这‘此’字可不是好兆头哇。”

中年汉子听了心一沉，问：“此话怎讲？”

王文杰指着“此”字说：“‘此’字看起来就像个‘比’字。‘比’者，‘比肩’也，这是兄弟之称啊。但‘比’字左边那半边上多了一竖，成了个‘止’字。用‘止’字领头成为‘此’字。这分明是说你兄弟俩比肩之数将到此为止了。”

中年汉子听了，眼圈已红，泪水滴了下来。

王文杰继续拆解：“不光是这样啊，你再看看这‘此’字的字形也很像一个‘死’字，这是说你弟弟离死亡不远了。”

中年汉子忍住悲痛，问：“他还能回来吗？”

王文杰将“此”字放到他面前，说：“你看这‘此’字，跟‘北’字差不多。你弟弟远在北方，眼下兵荒马乱，他双腿肿胀，寸步难行，怎能回家呢？”

中年汉子已六神无主。王文杰不忍心多收他银子，劝道：“你还是到徐州跑一趟吧，兴许弟兄能见上一面。”

中年汉子抽泣着，掩面而去。

cì

次

甲骨文

金文

小篆

次

隶书

次

楷书

有欠缺属二等——次

有学者认为，甲骨文的“”字像一人跪坐在地，左边有两点，表示这人在连连打喷嚏，两点表示口水。金文大同。小篆将“口”字化为三缕气，将表示口水的两点改为“二”，变成了从“欠”从“二”的会意字，隶变后的楷书写作“次”。认为“次”字的本义为“连连打喷嚏”。由本义引申指“放纵”，由此又引申指“次序、顺序、等次”。

也有学者认为，古代的“次”字是会意字，“欠”字表示呼吸；左边的“二”字表示呼吸连续不断，故用“二”表示一呼一吸有次序。本义为“次序”。

还有学者认为，“次”字左边的两点表示冰冻，“欠”字表示“缺少”，欠冷、欠冻，冰就不坚硬，这就是次品。“次”音通“疵”，就有毛病，有不足，就属次一个等级，属二等货。

说法虽多，但最终将“次”字的本义归结为“第二的，质量较差的”，如：第二等为“次等”，质量较低的货为“次货”，产品质量差的称“次品”；第二次生成的或连带生成的称“次生”，如“次生灾害”；还有其次、次子、次要、次日等词。

“次”字由本义引申指“次第、顺序”，如挨次、班次、层次、场次、初次、顺次、席次等词。“次”字又引申指“表示动作的量词”，如次数、累次、历次、每次、上次、下次、逐次等。还引申指“出外远行的处所”，如车次、航次、班次、旅次等词。

漫谈“次”字和“盗”字

“次”字与“盗”字两者互不相干，但简体字的“盗”字却与“次”字连成一体，密不可分，这里就有话可谈了。

先讲“次”字。就甲骨文的字形来看，这是个象形字，像一个人张大嘴巴，在接连不断地打喷嚏的样子。人在打喷嚏时会喷出一股水汽来。打过喷嚏的人都会感觉到，除了鼻孔喷出一股水汽，嘴里还会流出口水来，这口水即涎水。喷出的气是接连不断的，起码三次以上，所以“次”字最早写作“㳄”字，这字读作“xián”，指口水，现在写作“涎”，即“涎水”。这“㳄”字现在不单用，只作偏旁。凡从“㳄”字的字，均与流口水有关，如“盗”“羡”二字。

原先在左边三点水的“㳄”字，怎么变成两点水的“次”字的呢？据考证，这是在小篆时错误地写了两点。隶变后楷书就写作“次”。“次”字表示次序等义，而“涎水”之义仍收三点水的“㳄”字承担。所以古代的“盗”字和“羡”字中的“次”字都是“㳄”字，而不是两点水的“次”字。

“盗”字和“羡”字为什么要用“㳄”字呢？道理很简单，这两上字都属于会意字。“盗”字上面是“㳄”字，下面是“皿”（mǐn）字，这“皿”字指盛物的盘子或罐子。上面的“㳄”字指流口水，为什么？因为下面的罐子里装着鲜美的食品，闻到了令人口水直流，所以就要偷罐子里的美食吃，这便是“盗窃”的“盗”了。若是用两点水的“次”字，就讲不出什么道理来了。

“羡”字也是个会意字。上面是“羊”字。羊肉味道鲜美，令人馋涎欲滴，所以下面的“㳄”字也是表示因羡慕而流下了口水，故“羡”字下面应是“㳄”字而不是“次”字。

“羡”和“盗”字为何会少了一点而成为“次”字呢？这是简化字造成的。当然，简化汉字，功不可没，但白璧微瑕，在几百个简化字中难免有疏漏之处，就像“盗”“羡”二字，省下那一点，却抹杀了古人造字的良苦用心，那又何必呢？

用尖锐的东西扎——刺

cì

刺

甲骨文

小 篆

刺

隶 书

刺

楷 书

“刺”字是个左右结构的形声兼会意字，右边的“立刀旁”作形符，表示跟刀有关；“刺”字的左边是“朿”字，读“cì”，作声符并会意。

“刺”字与“刀”字组合，指用尖锐的东西扎。因是指尖锐之物，这与利刃之类有关，所以古人用“刀”字作“刺”字的形符。

古人为什么用“朿”字作“刺”字的声符呢?

甲骨文、金文及小篆的“刺”字都是象形字，字形都像尖木刺物形。金文承接甲骨文，字形大致相同，但进一步突出了穿刺之意。小篆使其整齐化，隶变后的楷书写作“朿”。“朿”与“束”（shù）不同。“朿”不封口，《说文解字》解释为：“朿，木芒也。”这是引申义，本义因为“朿”作了偏旁后，古人就另加义符“立刀旁”写作“刺”，来表示用刀等尖锐的东西扎，其本义当为“穿刺”。“朿”字就是“刺”字的本字，是最早的“刺”字，所以古人用“朿”字作“刺”字的声符并会意。

楷书的字形由小篆直接变来，写作“刺”。

“刺”字的本义指用尖刀扎、戳（chuō），如冲刺、劈刺、直刺、枪刺、刺绣、刺透等词。“刺”字由本义引申指“像针一样的东西”，如刺槐、刺梅、刺刀、刺猬、刺针、草刺、蜂刺、骨刺、鱼刺、肉刺、芒刺在背。“刺”字由本义引申指“刺激”，如刺鼻、刺耳、刺骨、刺目、刺激素。“刺”字由本义又引申指“暗杀”，如刺客、刺杀、行刺、遇刺。由此又引申指“打听”，如刺探。“刺”字由“刺激”又引申指“讥讽”，如：讽刺。

“刺”和“悬梁刺股”

苏秦是战国初期的策士，洛阳人。所谓“策士”，就是指凭着自己的口才和对当时政治形势的分析，为各国国王出主意，想办法，如何使自己强大安全而不至于被别国灭亡的有识之士。当时七国中数秦国最强大，楚、齐、燕、赵等六国相对较弱。苏秦就竭力宣传“连横”的主张，劝说秦国的惠文王一步步各个击破，吞并六国。但秦王不听他的。苏秦没办法，只好回家。

家中人都看不起他，说他是个只会吃饭的废物。苏秦咽不下这口气，他立志苦读，钻研兵法，分析各国国情与实力。他日夜读书，直至深夜。因睡眠不足，读书时常打瞌睡，耽搁了时间。为此，苏秦在手边放了把锥子，每当瞌睡时，他就用锥子刺一下自己的大腿，疼痛后，就忘了瞌睡，再继续读书。为此，他腿上常常有鲜血流下来。这就是“引锥刺股”。

功夫不负有心人，苏秦经一番苦学，终于把握了当时七国的政治局势。他改而用“合纵”的策略，劝说其他六国联合起来抗秦。他先说服了燕国和赵国，然后又说服了其他四国，终于结成了以楚国为首的六国同盟。六国分别拜苏秦为国相，他佩六国相印，统管全局，使秦国不敢轻举妄动，这种局面，一直维持了十五年之久。

再说孙敬悬梁的故事，这已是五百多年后汉朝的事了。当时有位文士名叫孙敬，信都人，即今日河北冀县人。此人勤奋学习的精神可谓世间少有。他读书不分白天黑夜。读书实在累了会打瞌睡，为防止自己打瞌睡误时间，他就将一根绳子的一头系在屋梁上，另一头结着自己的头发，让头颈直直地吊住，然后读书。若是打瞌睡，头一低就会扯痛头发，他就会立刻惊醒，继续读书。这就是孙敬“悬头读书”。

后人将“苏秦刺股”和“孙敬悬梁”两件事合并为“悬梁刺股”，当作成语流传下来，用以形容“刻苦学习”。如此而为是否科学，这另当别论，但就这两位古人的苦学精神，是令人敬佩的。

将财物赏给别人——赐

cì
赐

金文

小篆

賜
隶书

赐
楷书

“赐”字是个左右结构的形声字兼会意字，左边的“贝”字作形符，表示跟金钱财物有关；“赐”字的右边是“易”字，读“yì”，作声符并会意。

“贝”字与“易”字组合，指“将财物赏给别人”。因指的是将财宝赏给别人，这跟“贝”字有关，所以古人将“贝”字作“赐”字的形符。

古人为什么用“易”字作“赐”字的声符呢?

甲骨文的“易”字是个会意字，字形是把一个容器里的酒水倒进另一个容器里的样子，表示“给予”之义，当是“赐”字的本字，是最早的“赐”字，所以“易”字的本义就是指“给予、赏赐”。正因为此，“易”字理所当然地成了“赐”字的声符并会意。

楷书的字形由小篆演变而来，写作“賜”，现简化为“赐”。

“赐”字的本义指“把财物赏给别人”，如原指帝王赏赐臣下称“恩赐”，现泛指因怜悯而施舍；赏给、赐予或指赏赐的财物称“赏赐”；给予赏赐称“赐予”。“赐”字由本义引申指“赏给的东西或给予的好处”，如受赐良多、厚赐。“赐”字又引申指“有求于人的敬词”，如“敬请赐教”，指给予指教，也称“不吝赐教”，“请予赐复”是希望别人给予回复。

“赐”和“赏赐”

离今两千一百多年前的西汉文帝年间，有位名叫冯唐的人，时任朝廷的郎中署长。他为人刚直，敢于直言，就是对汉文帝，他也会当众批评。当时，匈奴常侵犯边境，汉文帝常跟冯唐谈起此事，这天他感慨地说：“唉，我手下要是有像廉颇、李牧这样的勇将就好了。”

冯唐毫不客气地说：“那也不见得！你就是有像廉颇、李牧这样的人才您也不会用他们！”汉文帝见冯唐批评他，十分生气，拂袖而去。

过了两个月，从边境传来报急消息：匈奴又大举侵犯边疆，且杀了守将，局势又紧张起来。汉文帝为此寝食不安，又召冯唐来商讨对策。汉文帝想起上次的话题，问冯唐：“你为何说我不能用廉颇和李牧那样的将才呢？”

冯唐耐心地解释道：“古时大将出征，帝王都亲自送行，还弯腰曲背，帮着推一下战车，再三叮嘱，朝中事国君作主，军中事由将军作主。”

说罢，冯唐又以战国时期赵国名将李牧为例，说：“李牧当年驻守边疆，将驻军所在地市场租税用来犒劳士兵，奖励的财物均由军中决定，朝廷不加干涉，此乃‘赏赐决于外，不从中扰也’。这样士兵才英勇杀敌。赵王听信谗言，杀害李牧，结果兵败，连赵王也成了俘虏。”

冯唐见文帝听得入神，又以眼前事例分析：“如今我朝情况堪忧啊！云中郡守魏尚将军爱兵如子，用军市租税犒劳士兵，连自己的俸禄也拿出来让士兵分享，所以士兵奋勇作战，将匈奴赶出境外。可魏将军只因报捷文书上多写了杀敌六个，竟被免职判刑，这样赏罚不当，令人寒心，有谁肯为您卖命呢？所以我上次才批评您，即使有廉颇李牧这样的人，也难使用啊！”

汉文帝听了，深为愧疚，令冯唐去赦勉魏尚，让他官复原职。在这次谈话中，冯唐说的“赏赐决于外，不从中扰也”，其中“赏赐”一词便流传下来。“赏”是奖赏；“赐”是给予，“赏赐”表示上级或长辈将钱物奖给下级或晚辈，如今成了常用语。

人的耳朵很灵敏——聪

cōng
聪

金文

小篆

聰
隶书

聪
楷书

小篆的“聰”字是个左右结构的形声兼会意字，左边的“耳”字表示与耳朵有关，意思是耳朵听到声音后，能迅速做出反应；右边的“悤”（cōng）是声符。楷书形体由小篆变化而来，写作“聰”，后来据此简化为“聪”。

有人认为，“悤”字有迅速的意思，所以用“悤”作声符并会意。也有人认为，这“悤”字是表示窗户，而窗户打开是透明的通畅的。而“聪”的本义指人的听觉，不难理解，一旦透明通畅，毫无阻隔，有什么风吹草动，很快就能听到，发觉有动静，就能迅速做出反应，寻找对策，所以后来“聪”引申指“听觉灵敏”。正因为此，才用“悤”作声符并会意。

“聪”字常与“明”字组成“聪明”一词，既指人的听觉灵敏，视力好，又指人充满智慧、明智。现在多指一个人的悟性好，记忆力强，机智灵活，富有智慧。常用的词有聪慧、聪悟、聪颖、聪敏、自作聪明、耳聪目明。

［瓦当欣赏］

秦汉瓦当

谜友送别会

灯谜是中华民族传统文化，远在一千六百多年前的南朝就盛行了。有不少人把谜语当作一门学问来研究。不少地方有谜学研究会，会员自称“谜人”，相称“谜友”，尊称“谜家”。

却说江南有一干部名叫姚函，因对灯谜有研究，被选为市灯谜研究会会长。为了支援西部地区的建设，姚函奉命调往青海一个县当县长。出发前，谜友们相聚，为他送行。

送别会上，副会长老丁第一个发言。他说：“今日欢送姚会长，我依依不舍，特作字谜诗一首，为姚会长送行，也请大家指正。”说罢，他一字一句朗诵道：

谜坛又欠一把手，关公奉命走西口。

儿女相逢泪两行，山径一弯细雨多。

老丁读罢，谜友们交头接耳，悄声议论起来。过了一会儿，姚函站起来，对谜友们一鞠躬，说：“谢谢大家的美意。刚刚老丁这首诗如果我没猜错的话，四句话，隐藏四个字。第一句，说的是‘欢’字；第二句，说的是‘送’字；第三句，说的是‘姚’字；第四句，说的是‘函’字，连起来是‘欢送姚函’。对么？”

老丁点头称是。姚函说：“我建议，接下来由老丁当会长。我在这儿也表个态，‘职位虽变，其心不移’。请大家猜个字。”

大家议论了一番，推举老丁发言。老丁说：“你这两句话，既表明了你到西北去干好工作的决心，也表明了你对谜语的一片痴情。你真聪明！”

老丁的一番话，博得谜友们一片掌声。聪明的读者，你猜这是个什么字？你能品味出这个字谜妙在何处吗？

cóng

从

甲骨文

金文

小篆

從
隶书

从
楷书

后一人是随从

甲骨文的“”字，左边是双人旁，表示行动；右半部分跟今天简体字相似，是由两个“人”字组成的；这是个会意字。这两个“人”字，是很值得研究的。

首先，他们是侧面形的，而且是直立的，背微微躬起，似乎正急匆匆地走路。

其次，这两个“人”，一人在前，另一个紧紧跟随着。

小篆的“从”字，在甲骨文的基础上增加了一个部分。除了左边的双人旁仍表示行动，下面增加了一个“止”字，表示脚。这两部分合在一起，就是今天的“辶”，俗称“走之旁”，表示走动，这样强化了“从”字行走的意思，这就是繁体字“從”字。因“從”字笔画太多，书写不方便，在简化汉字时，人们又用了甲骨文的“”字的右半部分。这“从”字笔画简洁，意思明确，真是再好不过了。

“从”字的本义是指“跟随”。由于后面的人要跟随前面的人，若前面的人跑得快，后面的人也必须加快脚步赶上去，所以在古文中，“从”字又有“追赶”的意思。

既然是跟随，那就要顺着前面的人的方向和速度走，所以“从”又有顺从、听从的意思。由此又引申为“参加”的意思，如从军、从艺。

合起来是仆从

俗话说：三句不离本行。喜欢谜语的人相互称“谜友”，谜友们定期聚会，切磋谜艺。他们即便是偶尔相遇，哪怕是两个人，见面头一句话便是：有没有什么好点子？这“点子”，便是指有没有制作出好的谜面让人猜。

这天，无锡谜友老张，在锡惠公园碰到老居，两人就绕着映山湖，边走边聊。聊的当然是谜语的事。

两人并肩而行。老居若有所思，对老张说：“我近日制了个谜，你看如何？”

老张说：“我洗耳恭听。”

老居说：“左边一个人，不是自己人。右边像个人，是个算命人。女的服侍人，男的领导人。团结如一人，本是一家人。”

老张想了想，说道：“我猜出来了，你说的是个‘仆’字。有些味儿，但有不足之处。特别是第三句。不错，女仆是服侍人的人，但也有男仆呀？领导人称之为‘公仆’，但公仆有男也有女呀？你划得这么细，似乎不妥，这还得推敲。”

老张说罢，老居不由得又沉思起来。他看到两人的影子紧紧跟随，不由灵机一动，又想到个谜面，说：“老张，我又想到一个，你听听：左边一个人，右边一个人；前面一个人，后面一个人；后面的人跟着前面的人，现在的人提起古时候的人。”

老张听了，仔细琢磨了一番，说：“你说的是一个‘从’字。似乎简单了点儿，给初入谜坛的朋友猜猜倒也可以。后两句点题，说出‘从’字的用处，一指‘随从’，二指‘从前’，有些味儿。依我看，何不把这两个字拼起来，成为‘仆从’，制作一个谜语呢？”

说罢，两位谜友一边漫步，一边继续切磋起来。

草木密集生长——丛

cóng
丛

小篆的“叢”字是个形声字兼会意字，它的字形由两部分组成。上面可看作是聚集着齿状饰物的仪仗，作形符；以“取”字为声符。隶变后楷书写作“叢”，有草木密集生长之义。声符“取”字是“聚”字简省的写法，而“聚”字有众物错杂相聚之义，所以“叢”字指“许多事物聚在一起”。

楷书的字形由小篆演变而来写作“叢”，后简化为“丛”。

“丛”字的本义为“许多事物聚集在一起”。如许多事物聚集在一起称“丛集”，丛书的名称也称“丛刊”，刻版印刷的丛书又称“丛刻”，繁茂的树林称“丛林”，草木聚集在一起生长称“丛生”；选择若干种书汇集编成的一套书称“丛书”；性质相同或相近的若干部分合成的文章或书称“丛谈”。

“丛”字由本义引申指“聚集在一起的人或事物”，如杂草丛生的地方称“草丛”，丛生的树木称“树丛”，花儿多的地方称“花丛”，比喻险恶或战争环境称“刀丛”。

叢
小篆

叢
隶书

丛
楷书

怒向刀"丛"觅小诗

1931年初，国民党当局逮捕，李伟森、柔石、冯铿、殷夫、胡也频五位青年作家，他们还准备逮捕鲁迅。

鲁迅于1月20日迁居于花园庄公寓。五位青年左翼作家于2月7日被杀害于上海龙华。消息传来，鲁迅写了首《无题》诗。后来在《为了忘却的纪念》一文中，说到当时写这首诗的心境："在一个深夜里，我站在客栈的院子中，周围堆着的是破烂的什物，人们都睡觉了，连我的女人和孩子。我沉重地感到我失掉了很好的朋友，中国失掉了很好的青年，我在悲愤中沉静下去了。然而却从沉静中抬起头来，凑成了这样的几句。"以下便是《无题》：

惯于长夜过春时，挈妇将雏鬓有丝。
梦里依稀慈母泪，城头变换大王旗。
眼看朋辈成新鬼，怒向刀边觅小诗。
吟罢低眉无写处，月光如水照缁衣。

事隔两年之后的1933年2月，鲁迅为悼念"左联"五烈士遇害两周年，在《为了忘却的纪念》一文中，他将这首诗的第三联改成：

忍看朋辈成新鬼，怒向刀丛觅小诗。

他将"眼看"改为"忍看"，虽然只是一字之差，但一个"忍"字，就将反动派的凶残和令人惨不忍睹这层意思突显了出来。从目光来看，"眼看"是平淡的，没有什么色彩和情感。而"忍看"就有怨恨和愤怒，充满仇恨和悲愤了。将"刀边"改"刀丛"，虽然也只是一字之差。但"刀边"只是指一把刀，或指在刀口上，而"刀丛"的"丛"字，指的是刀枪林立。这样就对敌人的白色恐怖揭示得更为深刻有力，也更能表现出五烈士对敌人的蔑视和他们英勇不屈的气概。

人在水边聚集——凑

còu

凑

“凑”字在古代写作“凑”，这是个左右结构的形声字兼会意字。左边的三点水是形符，表示跟水相关；右边的“奏”字是声符，读“zòu”；这两个字形组合在一起，指人在水边聚集。

人聚集在水边干什么？有两种解释。一是指人们聚集在水边庆祝丰收，当作盛大的节日；二是向帝王进献新收获的稻禾。其实这两个意思是一样的。

“凑”的活动地点在水边，所以用三点水作形符。古人为什么用“奏”字作“凑”字的声符呢？因为奏有“疾进、快速”的意思，而水流大多是快速流动的，所以“凑”以“奏”作声符并会意。也有人认为“奏”有急于进献的意思，而“凑”表示水流快速汇聚，所以“凑”以“奏”作声符并会意。隶变后楷书写作“凑”。当时有个俗体字“凑”，如今以“凑”为正体字。这“凑”字左边的两点水表示冰。“冰”来自水，这也说得通。

小篆

“凑”字的本义指“聚集”，如聚拢在一起或勉强在一起称“凑合”，把人或东西聚集在一起称“凑集”，凑足数额或充数称“凑数”，不同的人或事勉强合在一起称“杂凑”，勉勉强强凑合称“生凑”，把零散的合在一起称“拼凑”。紧凑、凑钱、凑足等都是“聚集”的意思。

凑

隶书

“凑”字由本义引申指“碰巧、赶上、趁机”，如恰好赶上或正好碰上称“凑巧”，正巧碰上热闹事儿也加入进去称“凑热闹”，也指添麻烦。由“碰巧”引申指“接近”，如，凑上去、凑到跟前、凑得很近。

凑

楷书

众人谈“凑合”

这天，无锡梁溪谜语研究会的朋友们在会长马汉文家聚会。刚坐下，小陶的手机就响了。他接到谜友发来的两个字谜，于是读给大家听：一是“二重奏”，二是“冬末初春的一天”。

众人琢磨了一番，猜出谜底是“凑”字。“二重奏”一望而知；“冬末”指“冬”字下两点，“初春”指“春”字上半部，“一天”指“凑”字下面的“天”字，最后扣“凑”字。

大家夸第二个谜有品位。小陶却把话题扯到“凑合”二字上去了。他说：“一家人只能大合唱，若是二重奏就只能凑合着过日子了。这日子就像冬末初春，说冷不冷，说暖不暖，冷冷暖暖，好好坏坏，挺折磨人的。”

锣鼓听音。众人从小陶的话语里听出不和谐之音——近日他小夫妻俩闹别扭，但过一阵就好了。赵纪方以长辈口吻说：“夫妻本是同林鸟，在一个窝里，只能互相照顾，相互凑合啊。”

王林生笑道：“别把夫妻关系讲得那么悲观嘛，凑合也好啊。‘凑’字原来左边是三点水，现在是两点水，表示冰。‘奏’表示节奏，大家都有节奏地聚到了一起，像冰一样突然凝固成一个整体，这就把双方拼凑起来了……”

周其良不赞同地说：“夫妻可不能拼凑啊。”

沉思了好一会的马汉文说：“凑合也罢，拼凑也罢，反正我也听人说过，中国夫妻关系大多是凑合的。刚刚赵兄讲得对，既然结为夫妻了，在一个锅里吃饭，就像锅碗瓢盆合在一起，难免碰撞，发出一些不和谐的响声，这就要互相体贴，相互谦让，虽不说要举案齐眉，也得相互敬重，互相关爱，不要相互埋怨，互相不让，以致怨气越积越深，裂缝越来越大，连凑合都难凑合了，只好拜拜了……”

这个话题很复杂，很沉重，现场的气氛很沉闷。大家听老马讲完，心情也未未暖和。小陶自觉无趣，叹了口气说：“不谈这个，换个话题吧。”

糙米是粗粮

小篆的“粗”字是个左右结构的形声字，左边是“米”，表示这个字与米有关；右边是“且”，表示读音。

“粗”的本义指“稻谷刚去壳的糙米”，是粗粮，糙米不精。“粗”指条状的东西，如“树杆粗大”。“粗”也指长条形的东西，如粗线条。

“粗”也指颗粒大，如粗沙、粗盐。“粗”也指声音大而低，如粗哑、粗喉咙大嗓门。

“粗”指不周密，如粗疏、粗心大意。“粗”指鲁莽，如粗暴、粗野。

“粗”指略微，如粗知一二、粗具规模。“粗”也指壮实，如粗壮、粗眉大眼。

以上这些词汇，它们的内涵都跟“粗”字的本义有关，都是由“粗糙”这一层意思引申而来的。

金文

小篆

粗
隶书

粗
楷书

魏·钟繇《宣示表》

东晋·王羲之《淳化阁帖》

隋·张公礼

唐·怀素《自叙帖》

请君来猜谜——粗

教师节这一天，许多教师参加游园晚会。会场上特地辟出一个角落，让大家猜谜语。拐进去的大门口，挂着一条横幅，上面写着一条长长的谜面，要求猜一个字。

谜面是：

请君猜谜，不要说话，也不要走，且站一边，对着细看。

二十个字，既不像诗，也不像儿歌；既不押韵，也不对仗，看了让人扫兴。但这条幅横在门口，相当于主办者的欢迎词，所以许多老师都停下来。特别是一些语文老师，竟歪着脑袋细细琢磨起来。

大家越琢磨，越有味，步步深入，终于猜出了谜底。

开头一句，实话实说，就是要你猜“谜”，“谜”是猜的对象。

第二句，“不要说话”。就是将“谜”字中的“言”旁去掉，就成了“迷”字。

第三句，“也不要走”，就是将“走之旁”去掉，便成了“米”字。

第四句，“且站一边”，“米”旁站个“且”字，这就是个“粗”字。

第五句，“对着细看”，直截了当地指出是“粗”字。因为“粗”与“细”是对着的。

这条字谜，一句一个提示，曲径通幽，步步为营，层层深入，最后豁然开朗，使参与者能享受到猜谜的乐趣。

时间短很紧迫——促

cù

促

小篆

促

隶书

促

楷书

小篆的“”字是个左右结构的形声字兼会意字，左边的“单人旁”指人，表示跟人有关；“促”字右边的“足”字读“zú”，作声符并会意；“足”字与“人”字组合，指“时间很紧迫”。

时间紧迫是对人而言的。人是很有时间观念的，这才有“一寸光阴一寸金，寸金难买寸光阴”的古训，所以古人用“人”字作“促”字的形符。

人在时间短促、形势急迫的情况下会怎样呢？只有加快脚步，奔跑过去解除危难或逃离现场。而加快脚步离不开“足”，所以古人用“足”字作“促”字的声符。这一解读认为，“促”字的本义指“时间短，很紧迫”。

若将本义定为“急迫，时间紧”，那就是“短促”；时间紧也称“仓促”或“匆促”，还有“急促”“紧促”；时间短、拘束或地方狭小称“局促”。

由于时间短促、紧急，所以又引申指“加快推进和推动”。如促使成功称“促成”，促使并推动称“促进”，推动使达到一定目的称“促使”，促使退步称“促退”，促使、使得称“促令”，还有催促、督促、敦促等词。“促”字由本义还引申指“靠近”，如促膝谈心。

"促织"与蟋蟀

蟋蟀身体黑褐色，触角很长，后腿粗大，善于跳跃，尾部有尾须一对，雄的好斗，两翅摩擦能发声，生活在阴湿的地方。有些地区称它为蛐蛐儿，也称"促织"。

我国从唐代开始，人们就饲养蟋蟀，从而兴起了斗蟋蟀这一游戏。不少人知道"促织"一词，恐怕是从蒲松龄所著《聊斋志异》中那篇"促织"的故事中得知的。"促织"讲述的，就是因皇帝喜欢斗蟋蟀，就向民间征收蟋蟀，因而引起的一个悲剧故事。斗蟋蟀这游戏，风靡中国一千多年，至今还有人在玩呢。

蟋蟀怎么会和"促织"联系在一起呢？这和蟋蟀的本性及人们的生活规律加上诗人们的诗词有关。

蟋蟀常常成为诗人们的描写对象。最早见之于《诗经•七月》："七月在野，八月在宇，九月在户，十月蟋蟀入我床下。"这首诗把蟋蟀一年的生活规律全写出来了。大意是：七月还在野外，八月就转到人家屋檐下了。九月就进了屋内，十月就钻到了主人的床下。

蟋蟀的翅膀抖动，发出的声音很响亮。随着天气越来越冷，蟋蟀的鸣叫声也越来越悲凉，因此古代有个谚语："蟋蟀鸣，懒妇惊。"就是说，蟋蟀鸣叫，会引起平日懒散的妇女的警觉。

懒妇为什么警觉？南宋诗人写的一首《齐天乐》提示了原委："哀音似诉，正思妇无眠，起寻机杼。"杼，指古代织布的梭子。这就是说，蟋蟀阵阵哀鸣声一阵紧似一阵，所有女主人忽然发觉已是深秋，冬天快到了，该找出织布机上的梭子，准备织布了，要开始织过冬的寒衣了。这蟋蟀一阵阵的叫声，是在催促妇人们赶快纺织啊，除了要为家人准备冬衣，还要为从军在外、远守边疆的亲人送去寒衣啊。

因为蟋蟀的叫声，就像催促妇人们赶紧织布一般，于是，蟋蟀就被称作"促织"。这一名词，在东汉时期的《古诗十九首》就出现了。

cù
醋

陈酒变醋

小篆的“醋”字是个左右结构的形声字，其本义指“用酒或酒糟发酵制成的一种酸味调料”。

“醋”字的左边是“酉”，右边是“昔”。我们从这两个字的来历中已经知道，“酉”最早表示“酒”；“昔”表示过去的岁月，即往昔。这两个字合在一起，正巧应合了“陈酒变醋”的俗语。

醋有酸味。人们的嫉妒心理，特别是男女之间的感情，往往会有股酸溜溜的感觉，于是，醋便有了醋意、吃醋这些词组。

《说文解字》认为，“醋”的本义指“客酌主人也”，即客人以酒回敬主人，但从字形上看，似乎很难得出这样的结论。

金文

小篆

醋
隶书

醋
楷书

【瓦当欣赏】

秦汉瓦当

二十一日酉时成醋

对“醋”字，民间流传着一则“二十一日酉时成醋”的故事。

杜康，夏朝人，传说为最早造酒的人。他的儿子黑塔，也会酿酒技术。后来，黑塔率领部族迁移到现在江苏镇江一带，在那儿继续酿酒。

酿酒时他们发现，酿酒后的酒糟，扔了很可惜，就存起来，放在缸里浸泡，到了二十一日酉时，缸一打开，一股人们从没闻到过的香味扑鼻而来。黑塔忍不住伸出手指，沾了点汁尝了尝，啊，味道又酸又甜，便留作调味酱。这调味酱该叫什么名字呢？大家就把二十一日和酉时合起来，称这种酸水为“醋”。

二十一日酉时成“醋”，相传也就是“醋”字的来历。

cuàn
窜

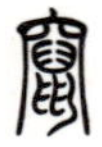
小篆

竄
隶书

窜
楷书

老鼠钻洞逃匿——窜

“窜”字是个上下结构的会意字，原先写作“竄”。上面是“穴”字，读“xué”，像古人住的地窖子，本义为“窑洞”，后引申泛指“洞窟”；下面是“鼠”字，指老鼠；“穴”与“鼠”组合，指老鼠受惊，慌忙逃到洞里躲藏起来。

楷书的字形由小篆演变而来，写作“竄”，后简化为“窜”。“窜”字可看作上下结构的形声字，上面的“穴”字是形符，表示跟洞穴有关；下面的“串”字读“chuàn”，作声符，指老鼠躲进洞穴中。

“窜”字的本义指“逃跑”，如慌忙逃跑称“窜逃”，走投无路地乱逃称“奔窜”，乱逃称“流窜”，像老鼠那样逃窜称“鼠窜”，逃跑流窜称“逃窜”，抱头鼠窜、上窜下跳的“窜”都是此义。

“窜”字由本义引申指“小股武装分子进犯或扰乱”，如侵犯骚扰称“窜扰”或“窜犯”。

“窜”字又引申指“对文字加以改动”，如修改更换字句称“点窜”，审查改动称“改窜”，对文字进行改动、改易称“窜改”。

梦见老鼠戴斗笠——窜

中国古代的测字术和解梦术，渊源流长，体系复杂，但它始终带着迷信色彩和骗人的意味。若说有点值得称道的话，有些测字解梦，多少能起点心理暗示作用，或化解矛盾，或抚慰人心，但若被恶人或权贵所利用，则遗害无穷。

早在远古时代，先民们就有一种幼稚的梦魂观念，认为人之所以做梦，是因为人的灵魂离开身体而外游了。这灵魂外游又被鬼神所指使，因此梦被归结为是鬼神对梦者的启示，进而就产生了根据梦象来体察鬼神的意愿，并以此预卜吉凶的做法。至于测字，它与解梦虽有不同，但其本质是相似的，测字只不过是借用汉字的形音义来阐述上天和鬼神的意愿罢了。

据《晋书》记载，东晋元帝年间，朝中有位大臣名叫王敦，他是晋朝创始人司马炎的女婿。因晋元帝重用自己的心腹，排挤王氏势力，手握兵权的王敦大为不满，他密谋起兵反晋，自立为王，便招来心腹幕僚吴猛等人商讨。

这天夜里，王敦正巧做了个奇怪的梦。他在梦中见到一只老鼠，头戴斗笠，在屋子里东奔西跑，神色慌张，不知所措。

王敦不知此梦是何征兆。因吴猛精通术数，尤其会测字解梦，他便将此梦详细讲与吴猛等人听，让他占卜一下凶吉如何。

吴猛听后，神色凝重地说：“王大人，此梦极为不祥。你梦中见到鼠戴斗笠，是个逃竄（窜）之象，恐日后有被追捕抓拿之事，望大人近日一定要小心从事，切勿轻举妄动。”

王敦问道：“何以见得？”

吴猛道：“鼠戴斗笠，乃是个‘竄’（窜）字。‘竄’者，乃东躲西藏，抱头鼠竄（窜），结局是死无葬身之地啊。”

王敦听了，大为不满，拂袖而去。他执意起兵反晋。东晋太宁二年，晋明帝趁其病危，发兵讨伐，王敦无力还击，东躲西藏，最后死于军中。

高大的样子——崔

cuī

崔

甲骨文

金 文

小 篆

隶 书

楷 书

古代的“崔”字是个形声字，属上下结构，上面的“山”是形旁，表示这个字与山有关；下面的“隹”是声旁，表示读音。

一提到山，人们就会想到山高入云端，想到山连绵千里，想到山的雄伟壮丽，所以“崔”字的本义就是指高大的样子。我们常用的词汇有“崔巍”，表示建筑物或山高大雄伟；“崔嵬”，指高大的有石头的山。

“崔”，也是个姓氏。

山下佳——崔

有一个“山下佳”的故事，说的就是“崔”字。

清朝乾隆年间，山东一带盛行“闱姓”赌博，就是每逢举行乡试，赌局便派人去学政衙门抄下所有乡试秀才的姓名，然后公布出来，让参赌者按姓氏押注，等考试结束一张榜，谁赢谁输便一目了然。

有个叫袁三的人，先后下了几次大注，一次也没中过。为了翻本，他决定孤注一掷，去贿赂主考官，可是主考官却连他的面也不见，更别说能透露一二了。于是他又打起了主考官随身书童的主意。

果然如他所料，没费什么周折，他就把小书童收买了。但小书童说，发榜前夜试院大门看守很紧，根本没办法把消息传递出来。

一听这话，袁三浑身冰凉。没想小书童转口又说：“如果老兄会猜字谜的话，隔墙传声也是行的。”袁三忍不住笑了，心一下落到了肚子里，因为猜字他可是个内行。

约定时间到了，袁三来到试院墙外，轻轻击了三巴掌，就听小书童在院墙内重复唱着一句：“山下佳来山下佳……”袁三一听喜出望外，一路狂奔到赌局，细细看了一遍考生名单，然后毫不犹豫地把所有的钱财押在了一个姓“崔”的考生名下。第二天，金榜发布，袁三果真独中大奖。

事后，袁三的老婆问他其中的奥秘。袁三回答说：“‘崔’字折开不正是山下佳吗，这考生当中就一个姓崔的，不是他是谁？”

说罢，他得意地笑了。

cuī
催

金文

小篆

隶书

楷书

催促人赶快行动

在八万多汉字中，形声字占了绝大部分。形声字分形符和声符，形符表示这个字的大致意思，声符表示这个字的读音。

有不少形声字兼有会意字的成分，如“催”字，就是个左右结构的形声兼会意字。左边的单人旁表示这个字与人有关，右边的“崔”字是声符，读“cuī”。两形合一，意思指促人迅速行动做某件事。

古人为什么用“崔”字作“催”字的声符呢？因为“崔”字表示高大雄伟的山，有一股气势逼人的意味，所以用“崔”字作“催”的声符并会意。

“催”字的本义指“促人赶快行动”，如催逼、催讨、催债、催促、催命、催收、催办、催命鬼。

“催”字又引申指“使事物产生和变化加快”，如催生、催眠、催肥、催产、催芽、催化、催熟、催情、催化剂、催泪弹、催眠曲。

“催”字与“崔”一样，也作姓氏用。

《隶辨》

隋·智永《真草千字文》

唐·怀素《秋兴八首》

半价出售实为催

老徐和老崔都是南京金陵谜语研究会的超级会员，两人既是谜友又是牌友更是酒友。退休后，他俩本可安享晚年，可为了一个“钱”字，两个老家伙不安分起来。老崔在湖南路旁的马台街有间门面房，租给老徐开了间卖毛绒玩具之类的杂货店。几年来，一个赚顾客钱，一个拿房租钱，两下里相安无事。可一个“钱”字，怎生了得！南京湖南路成了全国文明一条街，也把马台街变成了闹市口，卖什么都挣钱，就是摆杯自来水也有人买。可偏偏老徐倒霉，他那些过时货没人要，赚不了几个钱，连房租都付不起。眼下有人出高价租房，老崔三天两头催老徐让房，因为合同期早过了。老徐答应，等货卖完就撤。

这天，老崔又来了，老徐笑脸相迎，打趣道：“催命鬼又来了——还有这点货，卖了就撤。”

老崔建议道：“徐兄，我看你就半价出售吧。”

老徐一听，乐了：“崔兄，你说来说去，还是个催字。”老崔一时闹不明白：“我是要你半价出售，亏了的我贴！”

老徐笑道：“按我们谜语研究会的规矩，三句不离本行，你这‘半价出售’，说的是个催字，你催我快点让房。”

老崔一想，可不是吗？“价”字的一半“亻”，“出”字的一半“山”字，“售”字的一半“隹”字，合起来是个“催”字呀。

两人哈哈大笑，立马写了“半价出售”的牌子挂到橱窗里，当天货物清空，老徐告老回家，这间小屋，让给老崔赚大钱去了。

唐·怀素《草书千字文》

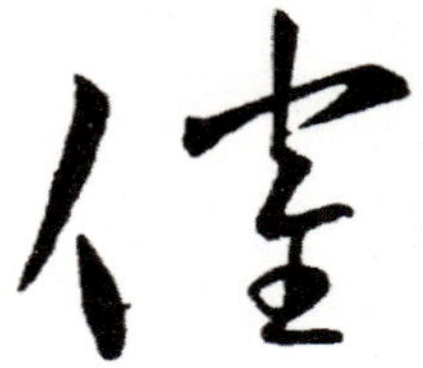

东晋·王羲之《淳化阁帖》

cuì

翠

金文

小篆

翠

隶书

翠

楷书

翠 绿色的雌鸟

小篆的“翠”字是个上下结构的形声字，上面是个“羽”字，表示这事物与羽毛有关，与羽毛有关的大都是鸟；下面是“卒”字，是这个字的声符。

“翠”的本义是指“青绿色羽毛的雌鸟”，这种鸟不大，与麻雀类似。雄鸟为“翡”，雌鸟为“翠”。“翡翠”，既指生活在水边的这种绿色羽毛的小鸟，也指带绿色斑纹的有光泽的玉石，也叫硬玉。

“翠”引申指“翠绿色”，如翠竹、翠玉、翠鸟。

“翠生生”，形容植物青翠鲜嫩，如翠绿的秧苗。

“翠微”，形容青绿的山色，也泛指青山。

刘邦喜　刘备悲——翠

小林三国是日本神户的中文学者，他热衷于中国古典文学研究，对《三国演义》可谓到了痴迷的程度。他是三国演义研究会的积极分子。为深入研究《三国演义》，他到中国留学，拜北京一位著名教授为师，还将自己的名字改为“小林三国”。

小林三国来到中国后，曾两次按《三国演义》中所描写的古战场，进行实地考察。他对关羽特别崇拜。关羽大意失荆州，兵败麦城，被东吴大将吕蒙杀于麦城。小林三国就特地到湖北当阳东南一带的旧址去凭吊关羽。

小林三国在当阳住了半个多月，跟文化馆的老刘交上了朋友。

这天晚上闲谈时，老刘听说这个日本人是研究《三国演义》的，便出个谜语考考他。老刘说：“谜面是刘邦喜、刘备悲。这六个字猜一个字。”

这可难倒了小林三国。他苦思冥想，终于想到刘备最悲的事是关羽的死，但这是个什么字呢？他想了一夜，仍然猜不出。

第二天一大早，小林三国就去向老刘请教。老刘说：“你猜对一半啦。关羽死，刘备最伤心。还有个人，是刘备的祖先刘邦，他最开心的是死对头项羽死。也就是说‘羽死’这两个字合起来就是要猜的字。在中国，表示死的字很多，其中有个‘卒’字。‘羽卒’就是关羽和项羽死，项羽死、刘邦喜；关羽死、刘备悲。‘羽卒’合起来就是个‘翠’字啊。”

小林三国一边听，一边用笔飞快地记。写完，他十分感慨地说：“中国文化，真是博大精深啊！”

唐《昭仁寺碑》

宋·范成大

人口聚居的地方——村

cūn
村

金文

小篆

村
隶书

村
楷书

“村”字是个形声字。左边的“木”是形旁，右边的“寸”是声旁。

古人用“木”字来作“村”的形旁是很有道理的。“木”，代表树木，凡有水有树木的地方，才适合人群居住。在旷野里，只要看到有树林，便会有村庄。而村庄就是许多人集中住在一块儿的地方，所以“村”字的本义就是人口聚居的地方，如乡村、农村、村庄。

“村寨”，大都指山区的村落；“村镇”指大村庄或小市镇。

“村”字，不仅用在乡村，就是在城市，凡人口聚居之地也称为“村”，如工人新村、花园新村。

自古以来，识字的人往往瞧不起不识字的人，而农村的人大都不识字。所以“村”字就带有粗俗野鄙的意思，如村野。“村话”指粗俗骂人的话，“村夫俗子”则指粗俗鄙野的人。

明·文征明《西苑诗》

明·王铎《拟山园帖》

明·唐寅

一寸之木——村

有关“村”字，民间有段“一寸之木”的测字故事。

清朝乾隆年间，苏州出了个叫范时行的测字先生。

有一天，一个理发匠换了身行头，来到范时行测字的地方，随手拈了一个“村”字，请范时行测。

范时行见了便说：“木以长材为贵，这一‘寸’之‘木’是没什么用的。”

理发匠脸色一变，以为范时行看破了自己的身份，故意在嘲讽他，把剃刀柄说成是“寸木”。正当他脸红脖子粗要发怒时，范时行拍了拍他的肩膀，接着说道：“你不用自卑，凡事只要肯努力，方寸之木也可高于楼宇。”

理发匠很感动，把范时行的这番话牢记在心，靠着自身的努力，后来成就了一番事业。

对婴儿悉心照顾——存

cún
存

金文

小篆

存
隶书

存
楷书

古代的“存”字，是个左上包围结构的形声字兼会意字，左上方是个“才”字，作声符，读“cái”；右下方是“子”字，作形符，表示跟婴幼儿及孩子有关；这两个字形组合在一起，表示对初生的婴幼儿要悉心照顾，十分体恤。“子”字有幼儿孩子的意思，所以“存”字用“子”字作形符。

古人为什么用“才”字作“存”的声符呢？古代的“才”字，像草木穿透土地的样子，表示初生的草木。初生的草木必然细嫩，而幼嫩的婴儿最需要抚养照顾，所以“存”字用“才”字作声符并会意。隶变后的楷书写作“存”。

“存”字的本义指“抚恤、照顾、慰问”。由本义引申指“心里怀着”，如怀着某种念头、有意这样称“存心”；殷勤抚慰，温柔体贴称“温存”。

“存”字由本义引申指“存在，活着”，如存在和灭亡称“存亡”；共同存在称“共存”；保存生命，活在世上称“生存”，依附而存在称“依存”。常存、长存、苟存、存身、一息尚存等都是“活着、存在”之义。

“存”字由“存在”引申指“保留、留下”，如存档、存根、存疑、存照、存执、保存、封存、结存、留存、求同存异、去伪存真等都是“保留”之义。

“存”字由“保留”引申指“蓄积”，如存储、存货、积存、库存、现存等。由此又引申指“储蓄、寄放”，如存折、存单、存款、存户、寄存。

生“存”的要领

无锡梁溪谜语研究会的市民讲座，听众越来越多，今天的主讲是一家银行退休的李科长。近年来，他钻研汉字，见解颇多，想一吐为快。他走上讲台，开门见山，直奔主题——

本人姓李，在银行当过科长。科长多如牛毛，算不得官，仍属草根民众。按讲座的规矩，我也以字谜开场。因为我是草根草民，又是向马会长自荐上台的，所以我这字谜是“以草为荐”。看得出，有猜谜高手已猜出谜底是“存”字。“存”字头上加草为“荐”。我在银行，成天与存户、存款、存折、存单、存额、存根、存储、存量、存息这些词打交道，这“存”字，陪了我大半辈子。我对“存”字的理解可能跟别人不一样，我认为，“存”字左上方是“有”字简省的写法，右下方的“子”字表示子孙后代。有子孙便有未来、有继承，这是时间在延续，不会中断。因此“存”字表示存在，也可用来指时间。把“存”字里的“子”换成“土”字，便是“在”。有土即在，这指的是人们生活的空间。古今中外的哲学家们，写了不少书谈“存在论”，其实汉字一个“存”字就把人们存在的时间和空间都说到了。

“存”字音通“寸”。一寸光阴一寸金，人们存在的时间很短，要珍惜生存在世的时间；“在”字音同“再”，我们要安全地生存，否则就再难存在了。所以我最看中“生存”和“存在”这两个词。而生存的要领是平安地生存，快乐地生存。各位都知道，银行的人一天到晚跟钱打交道，金钱的诱惑真是太多了。

有人想出两百万收买我，帮他做笔交易，我对他说，我身价至少一千万。如若你给我八百万，我就要坐大牢，说不定掉脑袋，这事儿我能做吗？我拿了你两百万，成天提心吊胆过日子，这不是花钱买罪受吗？我若是拿了你两百万，东窗事发，我锒铛入狱，子孙受累，我更没脸见人，我生存在这世界上有何意思呢？所以我对天地、对法律心存畏惧，只求平安生存，不存非分之想。正因如此，今日才有这副老脸，敢在这儿谈点对“存”字的点滴体会。

李科长的演讲，博得台下一片掌声。

cùn

寸

小篆

寸

隶书

寸

楷书

离手腕一寸部位是寸口

金文和小篆的“寸”字是个指事字。字形像一只手，在手腕的上方，金文露出三根手指头，也许是代表手面。但手腕下方有一小点儿，指出这一小点儿到手腕一寸这个部位是寸口。

小篆的字形承接金文，将那小点儿改成一短横。隶变后的楷书写作“寸”。“寸”字的本义指“寸口”。中医切脉，称离手掌一寸的手腕经脉部位为“寸口”，简称“寸”。用手按时，可以感觉到脉搏跳动的部分，是医生切脉常取的部位。

因“寸口”含有距离的意思，所以引申指“长度单位”。十分为一寸，十寸为一尺。尺和寸称“尺寸”，指量具。说话做事的适当的标准或限度称“分寸”，一寸见方称“平方寸”，也称“方寸”。也用来指“人心”，心乱了，称“乱了方寸”。还有头寸、英寸、市寸等词。

“寸”字距离短，又用来比喻“很短、很小”。如断成许多小段称“寸断”，形容时间极短称“寸阴”，极短的距离称“寸步”，极小的功劳称“寸功”，极小的一片土地称“寸土”，微小的进步称“寸进”。“寸”字在方言中，表示“凑巧”，如你来得可真寸。“寸”字也作姓氏用。

“寸”与“方寸”

汉朝分为“前汉”和“后汉”，也称作“西汉”和“东汉”，前后共经历了四百多年。东汉末年，汉朝已渐渐衰弱，黄巾起义后，天下大乱，军阀混战，随后群雄割据，这便是大家熟悉的三国时期。

刘备也是群雄之一，但他的势力远不及其他军阀，只好屯兵在新野这小角落等待时机。

屯兵许昌的曹操，派大将曹仁率军攻打刘备，想一举灭了他，以绝后患。岂料，刘备将曹仁打得大败而逃。

后来曹操得知，刘备有高人相助，四方打探，此高人是颍川即今日河南南部人徐庶。他还得知徐庶为人极聪明好学，遍访名师，钻研兵法，极善谋略，是一位不可多得的奇才。

曹操得知徐庶幼年丧父，是寡母将他抚养成人，是个大孝子。于是，曹操设计，派人到徐庶家乡，将徐母押解到许昌作为人质，并让人以徐母的口气，给徐庶写了封信，让他速来许昌，否则她有生命危险。

徐庶接信后，左思右想，十分痛苦。他为老母着想，只能离开刘备，去许昌侍奉老母。

徐庶向刘备辞别时，声泪俱下。他指着自己的心窝说：“我徐某本想与你共同成就大业，无奈啊！无奈！我老母被押，我的方寸已乱，即使我留在你身边，也无能为力了啊。”

刘备也是个重感情的人，理解他的心情，设宴为他送行。徐庶深感歉意，临行前，向刘备推荐了在南阳隐居的诸葛亮。于是，后来便有了刘备三请诸葛亮及隆中对的故事。

徐庶指着心口说的“方寸”，就是一平方寸的心脏部位。后来，人们就用方寸指代人的心。“方寸之地”“方寸已乱”“方寸大乱”“方寸不乱”等词语相继出现。与此同时，“寸心”一词，也变成“一点小小心意”的代名词，如：“聊表寸心”“略表寸心”……这些词的出典均在于此。

折断毁损——挫

cuò

挫

“挫”字是个形声字，左边的“提手旁”是它的形旁，说明这个字跟手有关；右边的“坐”是声旁。这个提手旁的作用就是指事物由于手的作用被压下去，使它遭受到损伤、折断，或使它受到压制、阻碍，所以“挫”字的本义就有毁损的意思。

人若受到压制阻碍，不得不停止或削弱（做某种事），这叫“挫折”。

身体因碰撞或突然压挤而受伤，这叫“挫伤”。

如若人的积极性、上进心受到打击，也叫“挫伤”。

“挫败”则是挫折加上失败，如这个人多次从挫败中奋起。

小篆

挫

隶书

挫

楷书

唐·颜真卿

隋《苏孝慈墓志》

唐·颜真卿

坐等到手受“挫”折

有一则现代小故事，说的就是这“挫折”的“挫”字。

老赵自从下了岗，就再也没露出过笑脸，整天窝在家里睡大觉。妻子看他这副模样，就托关系给他找了个当门卫的工作。谁知老赵死活不去，说什么自己以前在单位好歹是一个车间主任，不能去帮人家看大门。

妻子很生气，问他想干什么。老赵说：“大材不能小用，瞧着吧，总有一天，肯定会有人登门聘请我这个人才的。”妻子一听就火了，说：“那你在家慢慢等吧。”

半年过去了，老赵还是无事可做。他再也沉不住气了，忍不住长叹道：“老天爷真不公平，为什么老是让我受挫折受打击啊！”

妻子听了这话，讽刺他说：“有什么好感慨的，挫折的‘挫’字是‘手’加‘坐’，像你这样，事事‘坐’等到‘手’的人，当然事事不顺喽。”

老赵被妻子说得哑口无言，再也不好意思怨天怨地了。

从这天开始，他不再坐在家里坐等了，而是到处应聘，终于以自己诚实本分和当车工的本领，找到了一份满意的工作。

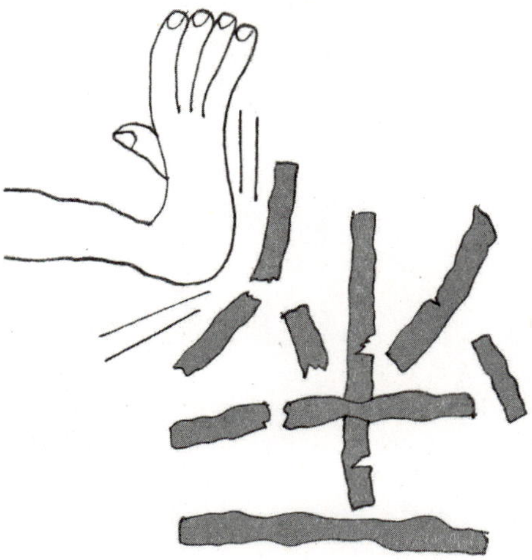

cuò

锉

磨削金属的工具——锉

小篆的“锉”字是个左右结构的形声字，左边的“金字旁”作形符，表示跟金属有关；右边的“坐”字读“zuò”，作声符；“金字旁”和“坐”字组合，指一种磨削金属的钢制的工具。因是磨削金属的工具，本身是金属制作的，所以“锉”字用金字旁作形符。

楷书的字形由小篆演变而来，写作“锉”。

“锉”字的本义指“磨削金属的钢制工具”。也有人认为，“锉”字的本义指“一种金属小锅”，“坐”字作声符。因“坐”字有安置稳妥之意，表示在使用锅时应该安放稳妥。此说好像缺乏说服力。此锅什么形状，为何变为如今锉刀之义？尚无人做出合理的解释。

“锉”字的本义当为“锉磨工具”，也叫“锉刀”。

“锉”字作名词用时，指手工工具，条形，多刃；主要用来对金属、木料、皮革等表层做微量加工。按横剖面不同，可分为扁锉、圆锉、方锉、三角锉等，俗称“锉刀”。

“锉”字也作动词用，指用锉进行切削，如用圆锉把那圆孔锉一锉，锉把钥匙。

小篆

锉

隶书

锉

楷书

锉子“锉”铲子

民国年间，苏北建湖县蒋营镇教私塾的吴先生家里今天来了位稀客——是他二十多年前的学生，突然从北京回蒋营，还带来一个十三四岁的少年。他来找吴先生，说这孩子叫沈浩森，他父母是自己的同事，两人都出事儿了。出的什么事，学生没说，吴先生也没追问。这学生拜托他，这孩子在蒋营期间，生活由自己父母照料，孩子的学业不能耽搁，就在私塾读书，求吴先生多加辅导，多加管教。

这有什么可说的？吴先生一口答应。

吴先生常跟沈浩森闲谈。有一次他笑问道：“你这名字烟波浩森，浩浩荡荡，都是大江大水啊。”

沈浩森答道；“是我爸爸妈妈起的。他们最喜欢大江大海，他们就是漂洋过海，回到中国……”说到这儿，他有点伤感。吴先生连忙换了个话题说：“春蚕上山了，我带你去看看农家妇女是怎样养蚕的吧。”

沈浩森很感兴趣，就跟着吴先生到一家蚕房参观。只见蚕儿缠在一束束干稻草上，已开始吐丝结茧子了。沈浩森看得津津有味，不肯离去。从蚕房出来，吴先生出了个上联，要沈浩森对个下联。这上联就是以养蚕为题的：

剪子剪茧子

这是谐音联，要对出下联可不易。

沈浩森想了好一会没对得出来，便对吴先生说：“让我想一晚上，明天告诉你！”

可就在当天晚上，吴先生正要上床睡觉，沈浩森来敲门了。他一进厅手拿一把锅铲子对吴先生说：“‘锉子锉铲子’，怎么样？”他见吴先生愣着，便做出用锉刀锉铲刀的样子说：“锉刀比铲子厉害，我爸爸说，旧世界不平整，就得用锉刀把它锉锉平！”

吴先生听了，惊奇得睁大了眼睛，他对眼前这孩子，刮目相看了。

cuò

错

金文

小篆

错

隶书

错

楷书

用金银等镶嵌——错

古代的“错”字，是个左右结构的形声字兼会意字，左边的“金字旁”是形符，表示跟金属有关；右边的“昔”字是“措”字简省的写法，读“cuò”；这两个字形合在一起，指用金银等金属来镶嵌。

古人为什么用“昔”字作“错”字的声符呢？因为“措”字有“措施、施行”的意思，将金银等金属镶嵌到另一个物品上，这里有一道工序，有一系列的动作要进行，所以古人用“昔”字作“错”字的声符并会意。有人认为“错”字的声符是“昔”字，读“xī”，这样说似乎很难解释镶嵌的动作了。

“错”字的本义指“镶嵌”，也就是用金属在刻出的文字或花纹中涂饰、镶嵌。如宋朝爱国诗人陆游《金错刀行》中：“黄金错刀白玉装，夜穿窗扉出光芒。”这里的“错”字就是用黄金镶嵌装饰的意思。

把金属镶嵌到别的物件上，就有两物相互交叉的意思。所以“错”字引申指“交叉”，如交错、错落、错杂、错综、错综复杂、盘根错节、犬牙交错。

两物交叉时，往往会岔开，有些还会丢失，所以“错”字又引申指“岔开、失去”，如错过、错开、错乱。

由于“岔开、失去”会引起与事实不符，不准确、不正确的现象，所以“错”字又引申指“不正确”，如错怪、错话、错案、错觉、错字、将错就错。

由于不正确会导致犯错误，所以“错”字又引申指“过失”，如错误、差错、过错、认错、错误百出、一错再错。

半数借钱人情债——错

南京夫子庙的测字先生胡铁嘴的测字功夫，不在于对字的分析推理，而在于他对风俗民情、人情世故、世态炎凉等把握得当，能利用字形字义，给人以安抚劝导，所以才广结善缘，有众多顾客慕名而来，求他指点迷津。

这天大石坝街茶叶店老板徐文才过来，一坐下就唉声叹气。胡铁嘴问他为了何事，徐文才喝了口茶说："就为了这龙井茶的事。"

原来，去年徐文才借给杭州龙井茶商罗老板一百多银圆，讲好今年年初还钱，但半年过去了，还没音讯。徐文才想派人到杭州讨债，但又怕伤了情面，因为罗老板有恩于他，常将新茶先赊卖给他，欠账多了，也从没上门讨过债。但不讨吧，又怕对方赖账不还。

胡铁嘴听罢，问："罗老板店还开着吗？你们之间的借据还在吗？"

徐文才说："都在。不过，他的生意大不如前！"

胡铁嘴说："你摸个字，我来给你测一下！"

徐文才伸手摸出个字，一看是个"错"字，不由得皱起了眉头。胡铁嘴接过字牌，看了好一会，放到一边，说："这'错'与'借'相似，一为'金'旁，一为'人'旁。有人借钱，'错'字成'借'；无人借钱，'错'字永远是'错'。"胡铁嘴将"错"字放到徐文才眼皮底下，道："你看清楚了，这'错'字一半是'钱'字，一半是'借'字，按测字人来说叫'半数借钱'，懂不懂？"

徐文才看着"错"字，认定了左边的"金"字是钱之半，右边的"昔"字是"借"之半。他连连点头说："看懂了。"

胡铁嘴追问道："这'借'字的单人旁换成了'金'字旁成了'错'，这是什么意思？你悟出来了吗？"徐文才悟了半天，惭愧地说："悟不出来。"

胡铁嘴严肃地说："这叫人情债。人家过去也有恩于你。你现在是还债，不要急于讨债！"

一席话，说得徐文才豁然开朗，把讨债的事暂且丢到一边去了。

一字一世界

D

行动轻捷畅达

dá

达

甲骨文

金文

小篆

達

隶书

达

楷书

甲骨文的“达”字是个左下包围结构的形声字兼会意字，左下方的“走之旁”是“辵”，读chuò，表示在大街上行走，本义指“走路”，作形符；右上方是“大”字，作声符并会意；“走之旁”与“大”字组合，指人走路十分通达。因是指人走路，所以“达”字用“走之旁”作形符。

古人为什么用“大”字作“达”字的声符呢？因“大”字在这儿表示“人”，指“人”行走通畅，所以用“人”字作声符。

金文的“达”字承接甲骨文，另加“羊”字，写作“達”，这也是个左下包围结构的形声字兼会意字。

古人之所以用“羍”字作声符，因为“羍”字在古代表示小羊羔，用在这儿以突出人的行动像羔羊一样轻捷。也有人认为，“羍”字有“美好”之义。古人路遇有礼让之美德，礼让使通行更加畅达，所以古人用“羍”字作“達”字的声符并会意。隶变后的楷书写作“達”。后用古代早就使用的“达”字作简体字。

“达”字的本义指“道路畅通无阻挡”。如交通流畅通达称“畅达”，直接到达称“直达”，还有“四通八达”。“达”字由本义引申指“达到、实现”。达到、得到称“达成”，达到标准称“达标”，还有抵达、送达、通宵达旦、欲速则不达等词。

“达”字由本义又引申指“告之、懂得”，如对不如意的事看得开称“达观”，通达而有见识称“达识”，“表示”也称“表达”，还有传达、练达、下达、转达、通情达理等词。“达”字还引申指“高贵、显赫”，如贤达、显达、达官贵人、飞黄腾达等词语。

"达"和"飞黄腾达"

唐朝文学家、哲学家韩愈，被尊为"唐宋八大家"之首。他曾写过一首长诗《符读书城南》，其中有一段摘录如下：

两家各生子，提孩巧相如。
少长聚嬉戏，不殊同队鱼。
年至十二三，头角稍相疏。
二十渐乖张，清沟映污渠。
三十骨骼成，乃一龙一猪。
飞黄腾踏去，不能顾蟾蜍。

韩愈的儿子名叫韩符，这首长诗是韩愈为鼓励儿子刻苦读书而写的。韩愈以讲故事的口吻对儿子说：有两户人家，各生了个儿子。这两个孩子，从小面孔长得很相像，都很活泼可爱。到稍长大点儿的时候，他俩常在一起游戏玩耍，看上去就像一起在水中游的小鱼。到了十二三岁时，就渐渐显出不一样了。到了二十几岁时，这种不一样就更加明显了。一个像清如明镜的清水沟，一个像污浊不堪的臭水渠。到了三十而立时，两人的体魄性格都定型了，这时就看得出，一个像能呼风唤雨的飞龙，一个像懒散又无能的笨猪。一个像飞黄一样腾空而去，不能再顾及那落在后面的癞蛤蟆了。

韩愈就用这比喻的方式，讲给儿子听：一个刻苦学习，积极向上，如飞黄一般发迹高升。一个自甘坠落，不求上进，只能做个庸俗无能，只图温饱的人了。

诗中所说的"飞黄"，是传说中的神马；"腾达"指上升。原诗写作"飞黄腾踏"，后人将其改作"飞黄腾达"，表示像神马一样飞驰，比喻发迹高升，前程无量。

用手钉钉子——打

dǎ

打

甲骨文

金 文

小 篆

隶 书

楷 书

“打”字是个左右结构的形声字，左边的提手旁，表示这个字与手的动作有关；右边的“丁”字是声符。其本义指“用手或器具撞击物体”，如打门、打鼓，读“dǎ”。作量词用时，读“dá”，指十二个。

也有人认为“打”字是左右结构的会意字，左边是提手旁，表示用手在做打击的动作；右边是“丁”，也就是“钉”字，我们可以理解为用手在钉钉子，或用锤子锻打钉子。这就是说，钉子需要敲击才能进入物体，所以以“丁”来表示读音，也兼表义。

“打”字表示敲打、钉钉子这一系列动作，可以把“打”的本义理解为击打。

“打”字是后来出现的，有人考证，到了汉代才有“打”这个字。它虽然出现较晚，但作用很大，用处极广，有人称它为“万能动词”。如打架、打包、打水、打柴、打火把、打游击、打比方、打官腔、打光棍、打先锋……有人统计过，与“打”字搭配的词有八千多个呢。

明 · 王铎

明 · 王铎

细说“打”字

在北京一所大学里，有几位学中文的外国留学生，他们对“打架”“打球”能理解，可对“打针”“打油”“打水”“打火把”就难理解了。

这天，教汉语的老教授走进教室，他在黑板上写了古代的“手”字，又从口袋里掏出一颗钉子，放到右边，问：“这是什么字？”大家说是“打”字。

老教授又从口袋里拿出一把锤子说：“我用手敲这颗钉子，是一套连续动作。我举起锤子，又迅速挥起锤子，这里就有‘打击’和‘发出’‘发射’的含义。钉子进入木板，又有‘进入’的意思。‘打火把’是从举锤引申出来的，‘打针’是从钉子进入木板引申出来的，‘打谜语’的‘猜’是从‘发’和‘挥’引申出来的。猛地把桶扔到井里，击打水面，使桶进入水中，再用绳把桶拎上来，这就是‘打水’。‘打油’‘打毛衣’，都有击打的意思。”经他这一说，大家总算明白了。

昂首挺立的巨人——大

dà

大

甲骨文

金文

小篆

大

隶书

大

楷书

甲骨文的“大”字，跟今天楷书的字形差不多，看上去就像一个正面对着你，昂首挺立的巨人。你看那张开的双臂，直立的两腿，还有头、颈、身段，真是活脱脱一个顶天立地的巨人。这不由使人想起夸父追日、后羿射日、女娲补天这些神话传说中的巨人。

传说中的夸父、后羿、女娲，都是人们心目中的英雄。他们大智大勇，对人类有大恩大德，在先民们的心目中是很伟大的人物。

古人认为，人是万物之灵，人在自然界居于十分重要的地位。他们把人与天地相提并论，合称为“三才”，即世界上三种最具有创造力的事物。而且还把“人”的作用放在天和地之上，称为“人定胜天”，这充分体现了先民们以人为大的思想。

东汉文字学家许慎在《说文解字》中说得好：“天大，地大，人亦大，故大象人形。”可见，“大”的本义是指“人类的巨大力量和巨大的气魄”，后来引申为一般事物的比较，产生了大小的“大”，读“dà”，通常用在体积、面积、力量、强度、程度等方面，与“小”字相对应。大是多音字，还读“dài”，如大夫。

“大”字还用作敬辞，称与对方有关的事物，如大名、大作。称长辈为大爷、大妈，有些地方还把父亲称为“大”。

大门变犬门

汉字的笔画有严格规定，长短大小，位置的前后左右都不能马虎，稍有出入，便是另一个字。而另一个字，便会造成不同的后果，有时竟跟性命有关。

明朝万历年间，无锡抓获了一个强盗，名叫李阿虎。

这李阿虎在江阴、苏州、无锡一带，做案多次，都被他逃脱，这次被逮住了。

李阿虎案报到官府，诉状中称他做案时“从大门而入”，可见其气焰之嚣张，罪行之严重。

那时，有钱能使鬼推磨。李阿虎的家人花重金请了位讼师帮忙。这讼师内外勾结，将诉状中的“大门而入”改为“犬门而入”。

这“大”字上面多了一点，就将“大门”改为“犬门”，主审的州官以为从狗洞里钻进钻出的人，只是小偷小摸，就判了个盗窃罪结案。

江洋大盗，本该判重罪，只因讼师略施小计，毛笔轻轻一点，将“大”字改为“犬”，便被从轻发落，逃过一劫。

不灵活的呆样子

dāi
呆

金文

小篆

隶书

楷书

“呆”字在古代写作“獃”，这是个形声兼会意字。右边的“犬”是形符，表示跟狗有关；左边的“豈”是“恺”字简省的写法，读“kǎi”，是声符，意思指“痴傻”。

在“獃”字中，古人为什么用“豈”字作形符？因为狗都是忠于主人，一切听从主人的驱使，不能自主，而痴傻者一般也控制不了自己的言行，所以用“犬”作形符。

在“獃”字中，古人为什么用“豈”作声符？因为原先的“豈”有安乐、快乐的意思。而痴傻者都表现出无忧无虑、十分快乐的样子，所以“獃”以“豈”作声符并会意。楷书写作“獃”。1955年，这个字被当作异体字淘汰，“呆”字成了楷书的正规写法。

“呆”字，古代就有。这是个会意字。有人认为，它是由“木”字和“口”字组成。“木”，指树木；“口”，指树上的果实；意思指呆傻。把“口”作为树上的果实，其本义指“酸的果子”，即酸梅。但怎么引申指痴傻的？似乎说不通。

也有人认为，“呆”字是个象形字，像襁褓中的婴儿。在古文中，“呆”字与“保”字相同。因为婴儿是无知的，所以引申指“痴傻”。又因为婴儿反应迟钝，所以“呆”指“呆板、不灵活”。

楷书的“呆”字可以看作会意字，上面的“口”字表示讲话，下面的“木”字表示麻木、不灵活。有口不善讲话，就是呆傻。

“呆”字的本义指“傻、不灵活、迟钝”，如呆笨、呆子、呆若木鸡。由本义引申指“因惊吓而愣住了”，如目瞪口呆、吓呆了。

“呆”字也作姓氏用。

以文择婿——呆

清朝乾隆年间，江苏常熟有位刘举人，属大户人家。刘举人膝下有一女儿，年已十八，该出嫁了，但一时找不到称心的女婿。世有比武招亲。刘举人想，何不以文择婿呢？于是，他在自家大门外贴出告示，欢迎未婚青年前来应试。

常熟城里人，都知道刘举人家女儿才貌双全，便纷纷前来参加考试，都想博得刘家千金的芳心。

考试主考官，当然是刘举人啰。这天一早，大门刚打开，进来一位衣衫破旧，有点儿呆头呆脑的年轻人。刘举人见了，皱皱眉头，心中不快，有心想嘲弄他一番，借此把他赶走。刘举人看了看他，说："我出个谜联，你能对出下联么？"

年轻人拱拱手，轻声说："老伯请讲。"

刘举人吟道："树上有嘴能笑人。"谜底是"呆"字，刘举人暗指他一副呆头呆脑的样子。

年轻人既没有生气，也没多想，随口答道："火里熔雪不成水。"

刘举人听了，不由一惊，心中暗想：哎呀呀，真是人不可貌相呀，这么快就对出下联，而且两字是针锋相对，对得如此贴切，真是奇才呀。

想罢，刘举人连忙让座，令人上茶，与这年轻人攀谈起来。

结局如何？且不去管他。这上下联的谜底倒是值得玩味的。上联说的是"呆"字，下联指的是"灵"字，一个"呆笨"，一个"机灵"，不是针锋相对么？

当然，故事有趣，也难免有破绽：清朝年间，有"灵"字的简写么？这得费点工夫去查证哩。

夕阳落下地平线——歹

dǎi

歹

甲骨文

金文

小篆

歹

隶书

歹

楷书

甲骨文的“歹”字是个象形字，其字形像有裂缝的残骨，本义指“残骨”。金文的字形是由甲骨文演变而来的。小篆的字形是由金文演变而来的，都是象形字，其形状像人的残骨。其本义就是剔肉后剩下的残骨。

也有人认为“歹”字是由“夕”字与“一”字组成的会意字。“夕”，是夕阳西下；“一”，表示地平线。“歹”字表现出一天的结束，万物已经下沉，就像一团火，已经熄灭了。由此也用来表示生命已经结束了，所以“歹”字有祸害遭殃的意思。

“歹”字由祸殃又引申为恶、坏的意思，如歹徒、歹毒、为非作歹等。

不过，也有人认为，甲骨文的“歹”字上面的一横一竖表示人躺下后脸朝上，这是正面躺着的姿势。下半部是人的双腿被捆着，不能动。而死人最大的特点是不能动，所以“歹”字的本义是人死了。有人死了，这是最大的灾祸，由灾祸引申为坏、恶，也是很有道理的。

【瓦当欣赏】

战国 画像瓦当

吴承恩写诗骂粮商——歹

吴承恩是明代伟大的小说家，他自幼爱听神怪故事，年长后读了很多书。他以文才闻名于乡里，但在科举场上不甚得志，四十多岁才考中贡生。他一生贫寒，对黑暗现实极为不满，晚年著神魔小说《西游记》，既寄托了他济世匡时的愿望，又展现了他那无比丰富的想象力，为世界文学留下了一部辉煌巨著。

这里我们不说《西游记》，单说吴承恩写的一首诗。

却说吴承恩所住的小镇上有个恶霸名朱皇兴，这人拉虎皮、作大旗，吹嘘自己是当今皇上朱翊的亲戚，其实是八竿子也挨不上的事儿。这朱皇兴在镇上开了家“皇兴粮行”，他大斗进，小斗出，为非作歹，仗势欺人。

朱皇兴扩大粮行门面，特地请了当地才子吴承恩为他写个店号，并在店门两边写副对联。吴承恩对这家伙的横行霸道恨之入骨，一见机会来了，他满口应承，当天就把写好的对联送了过去，朱皇兴立即派人将字粘到两块木板上，挂在大门两旁。

上联：皇兴大粮行
下联：慈夙楚城扬
横批：去四首

朱皇兴以为吴承恩是在恭维他，说他的大粮行名扬楚城，将城中四大富豪比了下去，他心里着实高兴。哪知道，有人看出来啦，这“皇兴”及“慈夙”去了四首，也就是把这四个字的上半部分去掉，剩下的是“王八心歹”四个字啊。

你看，“夙”字去掉外面的壳，里面剩下的，不是个“歹”字吗？

一字一世界

后一人代替前一人

dài
代

金文

小篆

隶书

楷书

甲骨文的“代”字，是个左右结构的形声字兼会意字，左边的单人旁为形符，表示与人有关；右边的“弋”字为声符，读“yì”；两形合一，指后一个人接替前一个人，所以以“人”字为形符。

古人为什么用“弋”字作“代”字的声符呢？

甲骨文的“弋”字是个象形字，字形像插入地下的木桩，用来防止绳子滑脱。“弋”字的本义指“木橛”（jué），也就是小木桩。古人把“弋”字用作“代”字的声符，表示人在木桩上拴牲口，一会儿拴牛，一会儿拴马，不时更替。

也有人认为，这“弋”字为木桩，把它竖在门的中间作门槛，有区别内外的意思。而更替有前后不同的意思，所以“代”字以“弋”作声符并会意。

这一说法过于勉强，门槛是横放着的，竖个小木桩岂不碍脚？

“代”字的本义指“代替”，如代词、代购、代管、代笔、代课、代劳、代码、代序、代用、借代、取代、代言人、取而代之。

“代”字由本义引申指“代理”，如代表、代售、代销、代办、代理人。由此还引申指“世系的辈分”，如代沟、传代、上一代、代代相传、子孙万代。由“世系辈分”又引申指“历史的分期”，如朝代、现代、当代、古代、近代、末代、年代、时代、划时代。由“历史分期”再引申指“地质年代分期的第二级”，如古生代、中生代、新生代、太古代。

“代”字也作姓氏用。

“代”字详断家务事

却说清朝乾隆年间，苏州出了个测字高手名叫范时行。

这天，范时行来到苏州寒山寺，拜访住持。晚饭后，两人在方丈禅房叙谈。这时，一中年和尚进来送茶，方丈说：“今日范先生到此，你何不请范先生测个字，以解心结？”

范时行见这人刚出家模样，六根未尽，满脸愁云，看得出，他还惦记着世间许多烦恼事。

方丈似早已作此安排，借故离开。中年和尚向范时行施礼道：“在下刘代祥，向先生求教。我是浙江杭州人，大哥代福、三弟代和，我属老二。哥哥与弟弟为争夺家产，互不相让，伤了和气。我万般无奈，净身出家，哥哥与弟弟也均不知去向。我弟兄仨‘代’字辈，今日想以‘代’字测一测哥哥与弟弟的下落，看能不能和好如初。”

范时行写了个“代”字说：“这‘代’字字势相连，十分紧密，显得休戚相关，足见你弟兄仨情分仍在，不会断裂。这‘代’字左为‘信’字旁，右为‘義’（义）字下，‘信’‘義’兼有，可见你家‘代’字辈都是讲信义的人。再说，这‘代’字左为‘傷’（伤）字旁，右为殘（残）字边，既显‘傷’‘殘’之象，难免有骨肉之变了。再看这‘代’字，左为‘伏’字旁，右为‘藏’字下，既得‘伏’‘藏’之体，那就说他弟兄二人都躲藏起来了。”

刘代祥追问道：“他二人今在何处呢？”

范时行答道：“你不必多虑。依我看，一定在杭州附近。你求测的‘代’字，左为‘仁’字旁，右为‘錢’（钱）字边。既然‘代’字在‘仁’‘錢’之间，可见他二人并未远去，仍在杭州。”

刘代祥又问：“他们何时回家呢？”

范时行解释道：“‘代’字左为立人旁，此‘人’字与‘壬’字读音相同。右为‘弋’字边，此‘弋’字形似‘戌’（xū）字，我想，明年九月正好是‘壬戌’。以此推断，他二人当在此时回来，你兄弟三人可团聚一堂。”

经范时行这一解说，刘代祥转忧为喜了。

dài

带

甲骨文

小篆

帶
隶书

带
楷书

捆扎衣服的腰带

甲骨文的“带”字，是个上下结构的象形字，也是个会意字，字形就像捆扎在腰部的带子。上部像系（jì）成的结，下面像垂下的衣巾。带子弯弯曲曲，既能系扎衣服，也可佩挂饰物，如佩玉之类。

小篆的字形由甲骨文演变而来，上部是弯弯曲曲的带子，下面是重叠的两个“巾”字，表示腰带两端结扎在一起，这是个会意字。楷书的字形由小篆演变而来，写作“帶”，现简化为“带”。

“带”字的本义指“腰带”，由本义引申指“像带子一样长条形的东西”。如包扎伤口的“绷带”，用来绑腿的“绑带”，长条形的“带鱼”，彩色的带子称“彩带”，还有磁带、吊带、领带、脐带、松紧带等。

“带”字由本义又引申指“佩挂、拿着”，如带电、佩带、携带、带上衣服等。

“带”字由“携带”又引申指“连着、顺便”，如附带、夹带、连带、捎带、顺带、随带等。由此又引申指“率领、引导”，如带队、带领、带动、带头、带路、带班等。

“带”字也指地区，如寒带、热带、温带、地带、风景带。

“带”字也作姓氏用。

“带笔”和“代笔”

常国武先生是词学泰斗，书法大家，在业内颇负盛名。他的书法作品，为藏家和众多书法爱好者所追求，但常老有个规矩：他写的字不卖钱，凡喜爱者，不管认识与否，只要是托人来求字的，均无偿赠送，不收分文，落款钤印，一应俱全，毫不马虎。

常老已年近九十，但老当益壮，精神抖擞，每年都要登庐山，去看望那儿的亲朋好友。

常老跟庐山有缘。那是多年前，他到庐山度夏，当时工资不高，住宾馆房租太贵，于是便在牯岭街一小巷里，找了家农家乐式的小客店住下。店主姓林祖籍南京，老林一家对他待如亲人，后来每到庐山就住他家，数十年下来，也就成了一家人。常老由老林介绍，又结识了不少庐山朋友。如今，在庐山，上至官员，下至百姓，提到常先生，没有不认识的。常老成了庐山的名片，成了庐山荣誉居民。在庐山，常老留下了不少墨宝。有为店铺题的、有为当地景点题的、有为驻军营房题的……当地人都视若珍宝。

这年夏天，常老带了几名弟子，又登庐山。刚住下，有位新开张的大宾馆老板就来求字了。大弟子肖扬从箱子里拿出宣纸和毛笔说：“常老，纸和笔带来了，您动笔吧。”

常老笑着说：“你既带笔来，那你就代笔吧！”

肖扬连连摇手：“不敢当！不敢当！人家是慕你大名而来的，我怎能代笔？”

常老正色道：“怎不能代笔？他这店名，适用篆体写。写篆书，你比我强，我得跟你学！”

肖扬也是位著名书法家，擅长写篆书。常老诚恳地对求字的老板说：“无论哪位书法家，都不是全才，对字体，各有所长。肖先生的篆书，也是一字难求啊。说他为我代笔，还真是亏待了他，抬举了我呢。”

常先生借“带笔”和“代笔”这一组谐音词，巧妙地向求字者介绍了自己的弟子，也尽显一位大学者虚怀若谷的长者风度。

dāi
待

金文

小篆

待
隶书

待
楷书

等人大步赶上来——待

小篆的“待”字是个左右结构的形声字兼会意字，左边的双人旁是形符，这个字读“chì”。在甲骨文和金文中，是个象形字，它是“行”字的左半边。小篆的“彳”字变成了半条街的意思。但也有人认为这个字形表示小步走，也指迈半个脚步，表示走得慢。“待”字的右边是“寺”字，读“sì”，作声符并会意。“彳”字与“寺”字组合，表示小步走，等人大步赶上来，有“等候”的意思。“彳”字是指小步走，所以古人用“彳”字作“待”字的形符，突出“等候”之意。

古人为什么用“寺”字作“待”字的声符呢？

古代的“寺”字不完全是指寺庙，也指官员办公的地方。“土”字下面的“寸”字，指掌握分寸，这是官员秉公办事的标准。所以古代的“寺”字指官府，如“大理寺”，就是掌管审理案件的机构。百姓到这儿办事，都要等候官员一件件处理，这就有“等候”之意，所以古人用“寺”字作“待”字的声符并会意。

楷书的字形由小篆演变而来，写作“待”。

“待”字的本义指“等候”，如暂时存疑，留待查考称“待考”，等待时机称“待机”，等待命令称“待命”，等待就业称“待业”，等待、稍待、有待、坐待等都是等待之意。

“待”字由本义引申指“对待、招待”，如招待、看待称“待承”。“待”字还引申指“需要”，如自不待言。

“待”字是个多音字，读作“dāi”时，也写用“呆”。“待”字也指“停留、迟延”，如待一会儿，也作“呆”。

待字闺中

古代有钱人家女儿的住房，大多在住宅的最里面，这些房间称为“闺阁”。这些女子称谓“闺秀”“闺女”或“大家闺秀”。这些词义是由“闺”字的本义引申而来的。成语“待字闺中”或“待字深闺”，指的是可以出嫁而尚未出嫁的女子，她们仍待在闺中。令人费解的是：她们待在闺中等待着，在“待”字后面为什么拖个“字”呢？这等待与“字”有什么关系呢？

说来，“待字”一词，与古代人取名字的礼俗有关。在古代，一个人的名与字是分开使用的，古人只有到了成年后才能取字，然后才能取号。《礼记·檀弓上》说：“幼名，冠字。”这里的“冠”字，指的是男子以二十岁举行“结发加冠”的成人礼时，就要取“字”了。女子的成年礼，要比男子早好几年，大约十五岁时就可举行成年礼了。古人把这称作“笄礼”。这“笄”读“jī”，指古代束发时用的簪子。《礼记·典礼上》：“女子许嫁，笄而字。”就是说，女孩成年了，可以出嫁了，就要举行笄礼，改变小姑娘时的发式，把头发盘起来，插上簪子，以此代表成年了，这是除了原来的名之外，可以取字了。有了“字”就标志着到了出嫁年龄了。这一“字”字，就有了“许嫁”的意思。在笄礼之后，出嫁之前这一段时间，这位成年女子的生存状态就称作“待字”或“待字闺中”。女子尚未婚配，没找到如意郎君之前，就好像在等待那个成人时方可取得的“字”一样，故称“待字”。“待”字在这里所起的作用是使用它的本义，表示“待候、等待”。而“字”字由本义引申开去，有了“女子可以出嫁”的含义，可当作“许嫁”来理解。

有口有底可装物的袋子

dài

袋

小篆

袋

隶书

袋

楷书

小篆的“袋”字原来写作“帒”，表示袋子是用纺织品制成。隶变后的楷书写作“帒”。当时有个异体字写作“袋”，如今以这异体字作正体字。“袋”字是个上下结构的形声字兼会意字，下面的“衣”字作形符，表示跟布帛有关；“袋”字上面的“代”字读“dài”，作声符并会意。

“代”字与“衣”字组合，指用布制成可装东西的口袋。因是指用布等制成的袋子，这跟布帛有关，所以古人用“衣”字作“袋”字的形符。

古人为什么用“代”字作“袋”字的声符呢？

甲骨文的“代”字是个形声字，本义指“以此易彼，相互替换”，有“代替”之义。人们本来是用手拎东西，现在将东西放在衣服袋里，改用袋子代替人手提，所以古人用“代”字作“袋”字的声符并会意。楷书的字形由小篆演变而来，写作“帒”，后改用俗体字“袋”字作正体字。

“袋”字的本义指“口袋”，口袋也称“袋子”。用粗麻布做的袋子称“麻袋”，装冰块用的橡胶袋称“冰袋”，装着沙子的袋子称“沙袋”，吸烟用的袋子称“烟袋”，还有邮袋、被袋、行李袋、脑袋等词语。

“袋”字也作量词用，如十袋米、两袋面粉。

猢狲入布袋

北宋年间，有位文学家梅晓臣，在任河南主薄时，与当时的文坛盟主文学家欧阳修为同僚，两人相处甚密，常切磋诗文，对推动古文运动的发展，做出了贡献。梅晓臣对当官并不感兴趣，他常想弃官回乡，过自由自在的田园生活。

宋仁宗时，任命欧阳修主持重新修订《唐书》，同时命令梅晓臣当欧阳修的助手，参与修订工作。皇帝的旨意，梅晓臣不敢推托，只好从命。

梅晓臣回到家里，长叹一声，万般无奈地对妻子说：“唉，吾之修书可谓猢狲入布袋矣！”这句话的意思是：叫我修订《唐书》，简直就是猴子装进布袋里呀。

他的妻子也是位颇有诗名的女子，她随即应道：“君之仁宦，何异鲇（nián）鱼上竹竿耶！”这句话的意思是：夫君啊，你这辈子当官，跟鲇鱼爬竹竿没什么区别啊。

夫妻俩一唱一和，后人将这两句话紧缩成一副对联流传下来：

猢狲入布袋
鲇鱼上竹竿

上联“猢狲”是猴子的别称。“猢狲入布袋”比喻不守纪律，不服从制约的人受到管束，就像喜欢跳上爬下的猴子，将它装进布袋里，便失去自由了，不能随意活动了。

“鲇鱼”是全身很滑粘的鱼，人用双手都难将它握住，竹竿也是滑溜溜的。又粘又滑的鲇鱼怎能爬上光溜溜的竹竿呢？显然，“鲇鱼上竹竿”这下联，是用来比喻爬不上去的。梅晓臣的妻子笑话他当官老是爬不上去。这句话与上联“猢狲入布袋”对仗工整，且巧妙地回应了丈夫所发的牢骚。

后人还将“猢狲入布袋”作成语使用，比喻不受约束的人受到了管束。梅晓臣夫妇所作的这副对联也流传下来，可惜没有横批。

dài

戴

头戴假面具

要说“戴”字，先得说说“異”（yì）字。

甲骨文的“異”字是个会意字，字形是一个人举起双手，将假面具戴在头上。金文字形大体相似，小篆的字形使其整齐化。隶变后楷书写作“異”，如今简化，单独使用的时候借“异”字来表示。本义为“举”，此义今已不用。作偏旁时仍用“異”。

这个“異”和“异”跟“戴”字有什么关系呢?

我们要说的“戴”字是个象形字，也是个右上包围结构的形声字兼会意字。甲骨文的“戴”字像一个人的头上戴着假面具的样子。头上戴的这个假面具很奇异，因此这个字就有两层意思：一是“顶戴”，二是“奇异”。这个字便是“異”（yì）字。这个“異”字开始有“举”的意思，后来此义不用了，专门用来表示“奇异”。而头顶戴假面具的意思就另加声符“𢦏”（zāi）字来表示，于是便有了“戴”字。这“戴”字便成了右上包围结构的形声字兼会意字。“異”字作形符，它是“戴”字的本字，一上来在介绍甲骨文“異”字时便讲过了，它有“戴假面具”之义。

“戴”字右上方的“𢦏”字作声符，这“𢦏”字有“装载”之义，而戴帽子之类也有装到头上之义，所以“戴”字用它来作声符并会意。

“戴”字的本义指“把东西加在头、面、颈、胸、臂或手、脚上”，如穿戴、戴眼镜、戴红领巾、戴罪之功。

“戴”字由本义引申指“尊敬、拥护”，如爱戴、拥戴、感恩戴德。

“戴”字也作姓氏用。

戴 小篆

戴 隶书

戴 楷书

戴笠空难死于岱山

戴笠，生于1897年，浙江江山人，是蒋介石的同乡。1926年，他考上黄埔军官学校，是第六期学生。后来从事情报工作，是国民党情报系统总头目。为蒋介石所重用，是蒋介石手下的得力干将。

1946年3月16日，戴笠由天津乘飞机到青岛，与一位美国海军将领谈事情。不料，此人已去上海，相约到上海见面。戴笠也有些私人事情要到上海处理，于是决定在青岛住一晚，第二天上午再飞往上海。

第二天上午11时许，戴笠带着警卫、秘书、副官等八九人，加上机组人员共十二人，登上当时美国最先进的专机，由青岛飞往上海。

3月17日下午二时许，上海大雨滂沱，龙华机场无法降落。因天气恶劣，只得转飞南京，而偏偏巧，当飞机飞到南京时，也是暴雨如注。后来，飞机便在雨雾中失踪。用今日新闻用语来说，地面与飞机“失联”了。

第二天传出消息，说南京西郊江宁县上空有一军用机坠毁。大批军统人员前往江宁板桥镇以南五公里的岱山寻找，发现了飞机残骸。据现场勘察，飞机是降落时撞在山上坠毁的。十二人全部遇难。

对此空难，当时有许多猜测。有人说是人为的谋害，在飞机上预先放了炸弹；有人说是机舱里发生枪战，导致飞机失控；有人说是燃油耗尽，也有人说是驾驶操作不当……凡此，都只能是猜测。

更离奇的是，有人从“地忌”的角度分析，说这岱山上有岱庙，而“岱”与“戴”同音，戴笠命中注定，是要摔死在岱山的。你想，他从天津飞青岛，从青岛飞上海，从上海飞南京，当中费了多大的周折呀。凭戴笠一句话，任何地方都可去，随便什么时候都可飞，为什么偏偏要在那个时候飞到那个地方呢？这地方又偏偏叫岱山。

岱山，本是个不出名的地方，自戴笠空难死于此地后，岱山出名了。不知为何，现在“岱山”变成了“戴山”，难道真与戴笠之死有关么？

语言文字的影响力真大啊，一个同音字，竟然演绎出这么传奇的故事来。

矿井中有一块丹砂

dān

丹

甲骨文

金文

小篆

丹
隶书

丹
楷书

甲骨文的“丹”字是个象形字，也可看作是指事字，是当中有个点儿像矿井中一块丹砂矿石。金文的字形由甲骨文演变而来。

小篆的字形由金文演变而来，但矿井的样子不明显了，变成了长方形的“月”字形。隶变后的楷书写作“丹”，外边的框框是指采丹的井架，里面的一点代表丹砂。

“丹”字的本义指“矿石朱砂”，也称“丹砂”。从前道家炼药多用朱砂，所以称为“丹”，如灵丹妙药、丸散膏丹。“丹”字也指用一定的配方制成的颗粒状或粉末状的中药，如丹方、炼丹、人丹、仙丹。

因丹砂是红颜色的，所以引申指“红色”，如有种疾病，发高烧，病变部分有红斑、疼痛，人们将此病称为“丹毒”；红色和青色的颜料称为“丹青”，借指绘画，如丹青妙笔；也指史册、史籍，如功垂丹青；有种鹤的翅膀大、羽毛白色、末端墨色、头顶朱红，颈和腿细长，常涉水吃鱼虾，此鸟称“仙鹤”，也叫“丹顶鹤”。

“丹”字由“红色”引申指“赤诚”，如丹心、丹诚，道家把人体脐下三寸的地方称“丹田”。

“丹”字也作姓氏用。

“丹”字颠倒变成“甘”

民国年间，苏南无锡是鱼米之乡，人杰地灵，素有小上海之称。

锡城有几位名人，各有个性，各有才华。

王笑天以幽默风趣，善开玩笑出名，但玩笑过头，也会弄得一些一本正经，不苟言笑的老夫子下不来台。观前街学堂的甘校长，最看不起王笑天，认为他是个油嘴滑舌只会耍贪嘴皮子的下作坯，每当看到他时，别说以礼相待，就连个招呼也不打，总是昂首而过，以示轻蔑。王笑天看在眼里，记在心上。他见甘校长如此傲慢，颇为不解，曾对友人开玩笑地说：“此公看人总是鼻孔朝天，头颈僵直，脖子弯不过来，也不知他头颈酸不酸。”不料，此话传到甘校长耳朵里，气得他发狠说：“这下三流的泼皮无赖，总有一天，我要叫他下不了台，方知老夫厉害！”

时隔不久，锡城文人在同庆楼聚会。席间，正巧王笑天与甘校长同桌，两人见面，互不搭理。饮酒时，按宴席主持人要求，各桌都要行酒令。

机会来了。甘校长仗着自己会吟诗作对，首先向王笑天发难。他高举酒杯，对王笑天朗声吟道：“王笑天，说来你本应姓田，只因你常耍无赖，只好抽掉你两边！”

这道酒令，是对王笑天大大的不敬。酒令巧用“田”字抽去左右两边变成“王”，要他改名换姓，还指着鼻子骂他是无赖。

王笑天倒也沉得住气。他端起酒杯，笑呵呵地回应道：“甘校长，说来你本应姓丹，只因你头颈不弯，只好颠倒向上按！”

王笑天这酒令不仅押韵，还巧妙地将“丹”字的上半部形象化为人的头部，两边笔直不弯曲，暗喻甘校长平时看人昂首挺脸的神态，然后笔峰一转，将“丹”字颠倒过来变成了“甘”，这个很传神，令人叫绝。这首酒令具有幽默风趣的特色，要比甘校长出口伤人大气多了。

dān

单

甲骨文

金 文

小 篆

單

隶 书

单

楷 书

带柄的狩猎工具——单

甲骨文的“单”字是个象形字，字形像带杈的木棍，在丫杈两端和分杈处，各捆绑着石头，以增加袭击的力量，用来击伤野兽，捕猎食物。这是最原始的狩猎工具，后来变成了战斗的武器。金文的字形大致相同，小篆承接了金文的字形，并使之整齐化，上面改为两个并排的“口”，隶变后的楷书写作“單”，后简化为“单”。

“单”字的本义指“古代一种捕鸟工具”。因为用这种工具捕鸟，一般每次只能捕到一只，所以引申为“一个，单独”，如单一、单帮、单车、单程、单传、单词、单刀、单方、单干、单杠、单人、单元、单音、单字、单身汉、单相思。

“单”字由“一个”引申指“不复杂、少变化”，如：单纯、单调、简单。由此又引申指“只有一层的”，如单衣、单被、单裤、被单、床单。

“单”字还引申指“薄弱”，如单薄、单寒、单弱。由“只有一层的”意思，引申指“登载姓名或事物的薄纸片”，如单据、保单、传单、菜单、存单、定单、名单、清单、提货单、三联单。

“单”字由“独”这层意思，还引申指“仅、只”，如单话、不单，就有“不仅仅”、“不单单”、“不只是”的意思。

“单”字是个多音字，读作“chán”时，专指“单于”，这是古代匈奴君主的称号。

当“单”读作“shàn”时，作姓氏用。

蝉鸣树梢——单

民国年间，南京夫子庙有位测字名家胡铁嘴，年纪七十开外，日子过得很自在。夏日午后，他躺在文德桥老柳树下的躺椅上，美美地睡个午觉，任是蝉鸣震耳，他也呼呼大睡。

这天，家住军师巷的老友单麻子来找他聊天。单麻子六十来岁，膝下无子，就老夫妻俩，靠浦口乡下十来亩地租金，加上卖水果打零工度日。他一直担心再衰老下去怎么办。

胡铁嘴安慰他，过一年是一年，船到桥头自会直。单麻子让他为自己测个字，解解闷。

这时，树上知了死命地叫，单麻子心烦，气得举起遮荫的大布伞，朝树上使劲捣了几下，知了“嘟”的一声飞走了。

单麻子说：“就以我的姓来测吧，是好是坏，也怨不得别人家。”

胡铁嘴说：“好嘛，你刚刚把知了赶走，正巧是个‘单’字。知了名‘蝉’，属昆虫。虫飞了，剩下半边是个‘单’字。那我就依‘单’说事啰。”

单麻子说：“我命苦，死了没人收尸啊。”

胡铁嘴说：“尽说丧气的话。你单麻子点子多，会刨食。卖水果，淘旧货，撑渡船……哪样不会？饿不死你嘛。你这‘單’字，上有两个‘口’字，指你老两口高高居上，稳稳扎扎，不会出什么大事。再说，你这‘單’字下是‘一甲’二字。‘一甲’乃是头等啊，人家读书数十年，考上状元也不过是‘一甲’，你大字不识几个，也跟‘一甲’沾边，难道还不好么？再说这‘一甲’相合，又有‘十亩良田’之意，正与你单麻子家产相符。到时人家把粮租送进城来，你愁什么？如今你夫妻俩日子过得好好的，你老是想到死的事，不是自找麻烦吗？”

正说着，那只被赶走的知了又飞回来，使劲地叫着。胡铁嘴指指树梢说：“蝉鸣于树，如听京剧。我还要睡会，你滚吧。”

单麻子听了，笑嘻嘻地说：“你挺尸吧，那我就滚啦。”

dān

箪

盛饭用的竹器——箪

“箪”字是个上下结构的形声字兼会意字，上面的“竹字头”作形符，表示跟竹子有关；“箪”字下面的“单”字读“dān”，作声符并会意。“竹”字与“单”字组合，指用来盛饭用的竹器，圆形，上面有竹编的盖子。因是指用竹器制作的器具，这跟“竹”字有关，所以古人用“竹”字作“箪”字的形符。

古人为什么用“单”字作“箪”字的声符呢？

甲骨文、金文和小篆的“单”字都是象形字，字形像带杈的木棍，在丫杈两端和分杈处各捆上石块，以增加袭击的力量，用来攻击野兽。这是原始的狩猎或战斗的工具，隶变后的楷书写作“單”，现简化为“单”。其本义指“狩猎或战斗的工具”，由本义引申指“单独”“仅仅”和“只有”“只能”之意。而作为盛饭的容器，要清洁卫生，不能装别的杂物。盛了饭食又用盖子盖起来，可见古人对饮食卫生很重视。为表示这个盛饭的竹筐只能盛饭，不可装别的东西，所以古人用“单”字作“箪”字的声符并会意。

楷书的字形由小篆演变而来写作“箪”，现简化为“箪”。

“箪”字的本义指“盛饭的有盖的圆形竹器”。据《说文解字》解释，方形的盛饭竹器称“笥（sì）”，圆形的称“箪”。其实这种饭筐子如今在一些地方仍在使用。不过，有的已改装衣物了。

古时老百姓用箪盛饭，用壶盛汤来欢迎他们爱戴的军队。后来形容军队受欢迎的盛况称“箪食壶浆”。

箪
小篆

箪
隶书

箪
楷书

“箪”和“箪食壶浆”

“箪”字指古代盛饭用的圆形竹器，因为这种竹器被后来的瓷器、铜器所取代，现已不多见，所以这个字也渐渐消失，不为人所知。但一提到“箪食壶浆”这一成语，人们便会想起它。

说起这一成语的出典，有段历史故事。

据《左传》记载，春秋时期，鲁国的贵族季孙氏势力强大，竟然敢兴兵作乱，跟鲁国国君鲁昭公对抗。鲁昭公斗不过他，只好逃到相邻的齐国去避难。齐国国君齐景公见鲁昭公避难而来，连忙率领高子、国子等大臣和家人出城迎接，并表示亲切慰问。

齐景公为人心细，他知道鲁昭公远道而来，一路受惊吓，又忍饥挨饿，叫人带上饮食，先让他们充饥。

当鲁昭公一行走到齐国京城城门口时，只见齐景公前来迎接，大臣高子和国子拎着食品跟随其后。对这个场景，《左传》中是这样描写的：“高子执箪食（dān sì）与四脡脯（tǐng pú），国子执壶浆”。

这里的“箪”字指用竹片或苇草编成的圆形饭筐，“食”作名词，指吃的饮食。“脡脯”指肋条肉，和现在人们吃的肉脯差不多。“壶浆”指用瓦壶装着的汤水。

鲁昭公见齐景公如此盛情，如此友爱，真是感激不尽，连声道谢，连连行礼。

以上是春秋时期的故事。过了二百多年，到了战国时期，齐国军队曾帮燕国除掉了暴君，燕国百姓用箪盛了饭，用壶装了酒迎接齐国军队。在《孟子》一书中记载了这件事，孟子曾对此事说过一句话：“箪食壶浆以迎王师”，指的是燕国百姓欢迎齐国军队的到来。后来，人们就用这一成语指古时百姓用箪盛饭，用壶盛汤来迎接他们所爱戴的军队。现在大多用来形容军队受欢迎的盛况。

dǎn

胆

分泌胆汁的肉囊

“胆”字在古代写作“胆”，这是个左右结构的形声兼会意字，左边是月肉旁，表示与肉相关；右边是声旁“詹”，读“zhān”；两形合一，指连着肝脏，分泌胆汁的肉囊。

古人之所以用“詹”字作声符，是因为“詹”有多言，不断说话的意思。而“胆”也有不断分泌胆汁的意思，所以“胆”字以“膽”字作声符并会意。楷书的字形是由小篆演变而来的，写作“胆”，后来简化成“胆”。这个“胆”字，左边的月肉旁作形符；右边的“旦”字作声符，读“dàn”，这只能算作单纯的形声字了。

“胆”字的本义指动物体内的胆囊。

“胆”俗称“苦胆”，位于肝脏右叶的前下方，呈梨子的形状，内储黄绿色的汁液，叫胆汁，味苦，其作用是帮助消化、杀菌、防腐等。“胆”字可组成胆管、胆汁、苦胆、肝胆、赤胆忠心、肝胆相照等词。

“胆”字由本义又引申指“不怕危险的精神和勇气”，如胆大、胆敢、胆寒、胆量、胆力、胆怯、胆略、胆识、胆小、胆子、斗胆、孤胆、丧胆、壮胆、胆小鬼、胆大妄为。

“胆”字由本义又引申指“某些物体的内层”，可以灌进液体或气体的东西，如瓶胆、球胆。

“胆”字也作姓氏用。

金文

小篆

膽

隶书

胆

楷书

日月一齐来——胆

王安石是北宋时期的政治家、思想家、文学家。他不仅诗词歌赋写得好，民间还流传不少他制谜猜谜的故事呢。

王安石曾任淮南判官、鄞县知县、常州知州等职。这年，他与几位诗友同游宜兴善卷洞。他们举着火把，进入洞内。开始地势较平坦，洞内也很平常，但愈往里走，愈加曲折，路途愈加崎岖不平，景色也愈加奇巧壮丽。

几个人从洞底回到洞口，王安石不由感叹道："真可谓入之愈深，路途愈险，而景色愈奇也。"于是，他从中悟出一个道理：在平坦无险的地方，景色平平，无奇巧之处。唯有不畏艰险，攀登到险要之处，才会领略到奇妙景色。于是，他制一字谜，让同行的好友们猜猜。谜曰：

日月一齐来，勿当明字猜。
既不是冒字，吓煞老秀才。

众人一时猜不出。王安石解释道："这是个'胆'字呀。'日''月''一'齐来了，加在一起，不是个'胆'字么？后面三句话，我是为缩小你们猜字的范围而说的，没有实际作用，关键是第一句啊。"

日出地平线——旦

dàn

旦

甲骨文

金文

小篆

旦

隶书

旦

楷书

甲骨文的“旦”字是个指事字，上面是个“日”字，表示太阳，下面一个小圆圈，像太阳的倒影，这正是早晨海上日出的景象，表示早晨日出天亮之义。

金文的字形由甲骨文演变而来，但将下面的日影小圆圈填实了。小篆的字形将金文、甲骨文文字化，将日影的圆圈变成一横。这样也很好，那一横表示地平线，这就是太阳从地平线上升起。隶变后的楷书写作“旦”。

“旦”字的本义指“早晨日出”。天亮的时候称“旦明”，也称“旦日”。早晨和晚上称“旦夕”，白昼称“旦昼”，农历初一和十五称“旦望”，朝夕也称“旦昔”。

“旦”字由本义引申指“天、日”，如一天之间也称“一旦”，形容时间短，如“毁于一旦”；“一旦”也用于不确定的时间词，表示“有一天”，如她和丈夫相依为命，丈夫一旦离去，她不知如何生活；一年开始的一天称“元旦”；农历正月初一称“正旦”。“旦”字假借指“传统戏曲中扮演妇女的角色”，如花旦、老旦、武旦等。

旦旦不能单相思

南京奇人郑可鉴，钻研汉字，以拆解汉字出名。他在自家旅游公司当导游。这年暑假，郑导率团到黄山游览，在情人谷凉亭休息时，随团的一位小姑娘，落落大方地说："郑导，我叫宋旦旦——元旦的旦。听说你是测字大师，我想请你给我测个字好吧？"

郑导连忙声明："我讲测字故事，全是文字游戏，可别当真。说吧，你测什么字，什么事？"

旦旦毫不回避的说："我喜欢班上的小男生王青，测个'青'字，看能不能跟他成为好朋友。"

郑导听了，大惊失色，叫道："哎呀呀，你这不是早恋吗？家长和老师要批评你的呀！"

旦旦不以为然："看你大惊小怪的，做朋友难道不可以吗？谁说恋爱了？"

郑导见状，又好气又好笑，便用长辈的口吻说："早恋的烦恼来了吧？对学习不利啊。"

旦旦说："不测'青'字啦，测个'旦'字好吗？总不见得'旦'字也有竖心旁吧？"

郑导掏出小本儿，写了个"旦"字说："旦旦，在我眼里，你还是个小丫头，属未成年人。'旦'字指太阳从地平线升起——刚刚升起，六点钟不到哩，你的日子长着哩，谈情说爱早着哩。"

旦旦噘着小嘴说："你怎么总往谈情说爱上扯呢？朋友多点不好吗？为什么要孤单一人呢？你看，我这次到黄山，就一个人，没人讲话，这才找你聊几句。真的，我觉得特孤单。"

郑导听了，哈哈大笑："旦旦，你还是个小丫头，我把你这'丫'字放进'旦'字里，正巧是个'单'字，这就告诉你，你现在这个年龄，就是要单身一人，别总想着成双成对，有个男朋友。"

旦旦想反驳，但底气不足，叹口气说："算了，不跟你争了，你跟我老爸老妈一样，都是这陈词滥调，我和你们代沟太深了……"。

dàn

诞

金文

小篆

誕
隶书

诞
楷书

言行放肆很荒诞

古代的“诞”字，是个左右结构的形声字兼会意字，左边的言字旁是形符，表示跟言谈、言语有关；右边的“延”字是声符，读“yàn”；这两个字形组合在一起，指“没有事实根据，信口开河说的假话、大话”。

古人为什么用“延”字作“诞”字的声符呢？因为“延”字有“延长”之义，而说大话往往是没有根据的、任意夸大的，或者是加油添醋的，所以“诞”字用“延”字作声符并会意。

楷书的“诞”字是根据小篆演变而来的。

“诞”字的本义指“荒唐的、不合实际的、不合情理的”。如言行放肆荒唐称“放诞”，极不真实、极不合乎情理称“荒诞”，荒诞、离奇古怪称“怪诞”；言谈虚夸不实称“夸诞”。

“诞”字假借指“出生、生日”。对尊敬的人的生日称“诞辰”，出生或指新生事物的产生称“诞生”，皇帝或皇太后的生日称“圣诞”，耶稣的生日、孔子的生日以及神、仙、佛、菩萨的生日也称“圣诞”，寿辰也称“寿诞”。

【瓦当欣赏】

战国画像瓦当

诞生·延生·蛋生

汉字形、音、义三者结合，正因为此，汉字才如此博大精深、魅力无穷。也正因为此，汉字才这么难写、难认、难读、难记。从古至今，读错字、认错字的，不知闹了多少笑话。人们往往把这些笑话，集中到某一个没什么文化又不太受欢迎的人身上，以便作取笑的对象。大家所熟知的军阀张作霖、韩复榘、张宗昌等人物，就成了这类笑话的主角。

山东掖县出身的张宗昌，幼时无赖，曾为土匪，后来成了军阀。此人胸无点墨，大字不识几个，行为粗野，言语粗俗，满口“他娘的”。

相传，他有位把兄弟的老父亲过八十大寿，他备了厚礼，前往祝贺。席间，众人向老寿星致祝词。张宗昌第一个站起来讲话，他手一伸，坐在一旁的秘书将早已写好的贺词递给了他。

张宗昌照着贺词念了起来：“今日是老先生……言……延……”读到这儿，他停住了，扭头问秘书：“他娘的，这‘延’生是咋回事？”

秘书忙凑上去，小声说：“这不读‘延’，读‘诞’。”

张宗昌满脸不高兴：“秀才不识字，也能读半边。这字左边是‘言’字，右边也是‘延’字，难道我读错了？”

台下有人“窃窃”地笑起来。秘书附在他耳边说：“这不读‘延’，读‘诞’，‘诞生’的‘诞’！”

张宗昌大为光火，怒斥道：“他娘的，哪有这种读法？老爷子是鸡鸭鹅蛋生的？”

这玩笑闹大了。幸亏老寿星有涵养，他忙出来打圆场：“张大帅，莫动怒。今日确实是老朽诞生八十周年，谢谢诸位光临！”

张宗昌这才转怒为喜：“好！好！好！听老爷子的！不是‘延生’，是‘诞生’！我记住了，这个字读‘诞’！鸡蛋的‘蛋’！”

在一片轰笑声中，众人举杯，向老寿星祝福。张宗昌呢，面无愧色，没当回事儿，将一大杯酒一饮而尽。

dàn
淡

甲骨文

金文

小篆

淡
隶书

淡
楷书

水中盐少——淡

“淡”字是个左右结构的形声字，左边是三点水，表示这个字与水有关；右边是“炎”，表读音。

古人以水中是否含盐或含盐多少，来区别咸淡。从日常生活来看，如果汤或菜咸了，最简单可行的方法，就是往里面加些水，使味道变淡，所以“淡”字离不开水。

“淡”的本义指“含盐分少或没有盐”。

“淡”由本义引申为“味道不浓”，如淡酒、粗茶淡饭。

“淡”也指“液体或气体中所含的某种成分少、稀薄”，如天高云淡、空气淡薄。

因为稀少，又引申为表示营业不兴旺，如淡季、生意清淡。

“淡”也表示不热心，如冷淡、淡漠、淡然处之。

“淡”表示没有意味的、无关紧要的，如淡话、淡事、扯淡。

“淡”表示颜色浅、不浓，如淡青、淡绿、淡妆。

宋·米芾《三希堂法帖》

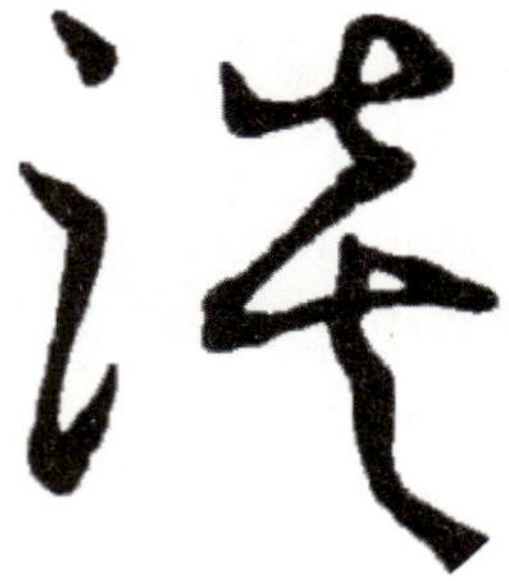
明·王宠

加水变淡

清朝咸丰年间，热河新来了位副都统名叫卜昌。这人有才气，但心高气傲，自以为了不起，不把当地人看在眼内。

一天，卜昌上街闲逛，听一私塾里书声朗朗，他信步而入。

卜昌进了大门，不见有人出来迎接，心中不快。再走进去，见两个十来岁的孩子，带着一群七八岁的娃儿在读书。卜昌喝住孩子们，不让读书，问："就你们两个在教书？"

两个孩子恭恭敬敬地说："先生出去了，让我们两个教他们。"

卜昌斜着眼睛问："你们两个毛孩也能教书？"

两个孩子站到一旁："请先生指点！"

卜昌斥责道："听着，我是新任都统卜昌，我倒要考考你们！"

一个孩子说："请卜大人出题。"

卜昌仰头想了想，说："两火为炎，既然不是盐酱之盐，为何加水变淡？"

一个孩子眼睛眨巴眨巴几下，答道："二土为圭，既然不是龟儿之龟，为何加卜成卦？"

卜昌一听，顿时脸阴沉下来，心中暗暗骂道："这小兔崽子，竟敢把我的姓编进去，还骂我是乌龟。"

卜昌不便发作，又仰仰脖子，对另一个孩子问道："你呢？"

这孩子不慌不忙，答道："卜老爷听着：两日为昌，既然不是娼妓之娼，为何加口变唱？"

这下可把卜昌气坏了。一个骂他是乌龟，一个说他是娼妓。他要耍威风，却又找不到由头，担心传出去会成为笑柄。他咬咬牙，忍着一口气，转身走了。

用弹弓发射的弹丸

弹

甲骨文

小 篆

彈

隶 书

彈

楷 书

古代的“弹”字是指事字，也是形声字兼会意字。甲骨文的“弹”字像弹丸安在弓弦上的样子，表示安装在弓弦上的弹丸是作子弹用的。

小篆的字形由甲骨文演变而来，写作“彈”，这下就变成了一个左右结构的形声字兼会意字。左边的“弓”字是形符，表示用来弹（tán）射用的弓；右边的“單”字是声符，读“dān”；两形合一，指“发射弹（dàn）丸”。发射弹丸必须用“弓”，所以用“弓”字作形符。古人为什么用“單”字作“弹”字的声符呢？因为“单”有“一个”的意思，而弹弓每次只能发射一个弹丸，所以“弹”字用“单”字作声符并会意。隶变后，楷书写作“彈”，后简化为“弹”。

“弹”字的本义指“用弹弓所发射出去的小丸子”，如弹丸、弹子、弹丸之地。

“弹”字由本义引申指“里面装着炸药，具有一定杀伤力、破坏力的东西”，如弹壳、弹片、弹坑、弹无虚发。

“弹”字由本义又引申指“发射弹丸的工具”，如弹弓、弹射器。

“弹”字是个多音字。当读作“tán”时，由“弹弓”引申指“用物体的弹（tán）性使另一物体发射出去”，例如弹（tán）射器、弹簧刀、弹力、弹跳。由此又引申指“拨弄、敲击”，如弹钢琴、弹奏、弹棉花。由“敲击”又引申指“抨击”，如弹劾（hé）、抨弹。由“抨击”引申指“制服、镇压”，如弹压。

弹子和子弹

今天，无锡东门中学的杨老师，讲课文中的关键字“弹”。讲完“弹”字的音、形、义，又出了几个字谜要同学们说出谜底，并讲出道理来。他先出了个“一张弓”让大家猜。

张晓玲说：“谜底是‘弹’字。左边是‘弓’字，右边是‘单’字。‘单’字指单一，也就是‘一张弓’。”

刘坤培说：“无双是单，不直是弓，谜底是‘弹’。”

杨老师夸道：“好，简洁扼要。”说罢，在黑板上写了“惮、殚、裈、郸、掸”五个字。杨老师说：“这几个字的形和音与‘弹’字相同，看谁能把它们一一区别开来。”

有位同学马上回答：“提手旁的‘掸’字指用鸡毛掸子掸灰尘；软耳朵旁的‘郸’字是河北邯郸市，成语‘邯郸学步’就是指这儿。”

金一鸣手里拿着刚翻过的字典说：“衣字旁的‘衤’字读kūn，跟穿衣服有关，字典上说是古人穿的内裤，就是现在我们穿的裤头儿吧？竖心旁的‘惮’字读“dàn”，恐怕跟心理有关，一个人孤孤单单的，心里害怕。”

杨老师兴奋地说：“‘惮’字指毫无畏惧、肆无忌惮。”

牛皮•唐小心翼翼地说：“那个跟歹徒和死亡有关的‘殚’字也读“dān”吧？那就没命啰！”

同学们听了，都哈哈地笑了。杨老师说：“没那么严重。‘殚’表示竭尽，成语‘殚精竭虑’，指用尽精力、费尽心思，可别写成竖心旁‘惮’啊。”

说罢，杨老师问同学们。“为什么称子弹和弹子呢？子弹和弹子跟‘子’字有什么关系呀？”

同学们答不出。杨老师说：“我琢磨过，甲骨文的‘弹’字，像一张弓上装着弹丸。弹丸就是鹅卵石，而家禽和鸟类及龟蛇所产的卵很像弹丸，家禽鸟类及龟蛇所产的卵又称‘蛋’。蛋里再孵化出小鸡、小鸽子、小龟来。这些小鸡、小龟属‘子’。‘弹’和‘蛋’同音，弹丸与蛋相似，所以称‘子弹’。你们玩的小圆球称‘弹子’。”

dāng

当

金文

小篆

當
隶书

当
楷书

两块田相互对立——当

“当”字是个形声兼会意字。上面的“尚”是读音，下面的“田”被看作是两块相邻的田，这两块田互相对立着，所以“当”的本义是“相持、对立”。

我们也可这样理解：两块田相邻，其面积大小，位置高低都差不多，也就是价值相当，所以用“尚”作声符，用“田”作形符。而“尚”字有“相合”的意思，用在这儿，兼表“价值相当”，其本义也可理解为“田的价值相当”。后来由这个意思引申出差不多、相等的意思，如实力相当。

“当”还有正对着、面对的意思，如果在屋子正对着大门的地方摆放着花，我们可以说是“当门放着花”。

“当”读作“dàng”时有两种情况：一是形容一个人做事很有分寸，这叫“得当”；另一个就是用在当铺、典当等词中。

唐·薛曜

《西域出土书足迹》

南朝·宋《爨龙颜碑》

宋·米芾

唐·颜真卿

赏万亩良田——当

有关“当”字，民间有则“赏万亩良田”的测字故事。

明朝年间，苏州有个测字先生名叫何中立，据说测字如神，非常灵验。一天，一个准备进京赶考的考生找到他，写了个“当”字，想测测前程。

何中立看了看，说：“这次你进京会考，一定能中。”

考生一听，眉毛都笑弯了，忙不迭地问他是如何测到的。

何中立指着那个“当”字说：“‘当’字上面是‘尚’，这尚乃赏的字头，说明你考试必将有赏，而这‘当’字下面又是个‘田’，如果没有考中，谁会赏你万亩良田呀！”

这考生惊喜若狂，兴冲冲地进京去了。考中没有不得而知，但受测字先生这一番鼓舞，想必是考得不错的。

拦阻遮住就是挡住

dǎng

挡

“挡”字是个左右结构的形声字兼会意字，左边的提手旁是形符，表示跟手的动作有关；右边的“当”字是声符，读“dāng”；这两个字形合在一起，指“用手拦住、遮住”，这些动作离不开手，所以“挡”字以提手旁作形符。

古人为什么用“当”字作“挡”字的声符呢？因为“当”字在它的引申义中，就有“阻止、抵住”的意思，所以“挡”字以“当”字作声符并会意。楷书的字体由小篆演变而来，隶变后写作“擋”，后简化为“挡”。

有人认为，古代“當”“擋”“噹”这三个字是同一个字，都是由“當”衍生而成的。

“当”字的用法很丰富。古人为了减少“当”字字义的负担，将“遮住、拦阻”的意思另造了个“挡”字来承担，加了个提手旁，表示用手的动作去阻挡。又造了个有“口”字旁的“噹”作象声词，后来作异体字被取消了，仍由“当”字承担。正因为此，所以“当”与“挡”之间的关系很微妙，有些组词要细细品味才能分清。

“挡”字的本义指“拦阻、遮住”，如挡道、挡风、挡车、挡住、阻挡、遮挡、兵来将挡。

“挡”字由本义引申指“用来阻隔、遮蔽的东西”，如挡子、换挡、排挡。

“挡”字是个多音字。读作“dàng”时，指“收拾料理”，如摒（bìng）挡、摒挡一切、摒挡行李。

金文

小篆

擋
隶书

挡
楷书

以一"挡"十，大"块"人心

无锡东门中学，地处是城乡结合地带，社会环境复杂，常有人到学校寻衅闹事。

这天中午放学时，有一群小青年在校门口将一名初三学生围住，拳打脚踢。正巧，新来的体育教师孙大刚出校门，一见这情景，大喝一声："为什么打人？有话好好说！"当中一个小头儿斜眼看了看，指着孙老师说："说什么？连你也打！"他手一挥，七八个人围了上来。孙老师连连摆手："有话好说……"话音未落，有人伸脚踢了过来。孙老师见退让不得，只好将他当特种兵时学得的本领露一手了。他弯腰伸腿一个旋转，将七八个人扫倒了一半。几个人见这老师功夫了得，吓得落荒而逃。这情景，被初三（1）班的金一鸣看到了，他当即写了篇报道，以最快的速度，抄写到学校黑板报上，标题是：《以一挡十，大块人心》，学校广播站也一遍又一遍地播报。

下午作文课，杨老师没布置新题目，只是叫大家去细读一下金一鸣的文章，然后回来讨论。

同学们回来，都夸金一鸣的文章写得及时，写得生动。金一鸣自己承认，把"大快人心"的"快"字写成"块"了，这是笔误。杨老师说："是啊，一大块人心，真吓人啊。还有什么差错？"

同学们答不出。杨老师提示："查查成语词典吧。查得细点儿。"

同学们把金一鸣文章中提到的成语都核对了一遍，没发现什么。这时，金一鸣惊奇地叫起来："咦，'以一挡十'，为什么用'挡'字呢？"

杨老师反问他："你为什么不用'当'，而用'挡'呢？"

金一鸣满有理地说："他一人挡住十个人呀？"

杨老师问："你为什么要给'当'字加个手臂呢？"

金一鸣说："要想挡住，就得用手呀！"

杨老师反问道："今天孙老师用手了吗？他一个扫腿，将这帮人扫走的啊。"

同学们愣住了。金一鸣仍不服输："我总觉得用'挡'字好。他'挡住'了十个人，制服了十个人。"

水草来回摇动——荡

dàng

荡

古代的“荡”字，是个上下结构的形声字兼会意字，上面的草字头为形符，表示跟花草有关；下面的“汤”字是声符，读“tāng”；这两个字形组合在一起，指“来回摇动，左右摇晃”。

古人为什么用草字头作“荡”字的形符？因为草轻，容易摇动，所以用“草字头”作形符，古人为什么用“汤”字作“荡”字的声符呢？因为“汤”字有“开水”的含义，凡烧开的水都是滚动的，所以称“滚水”。滚动与摇动相近，所以“荡”字以“汤”字作声符并会意。

楷书的字形是由小篆演变而来的，写作“蕩”，后简化为“荡”。

“荡”字的本义指“来回摇动”，如回荡、激荡、悠荡、振荡、震荡、荡秋千等都有摇晃摆动的意思。

“荡”字由本义引申指“闲逛”。不务正业、闲游放荡称“游荡”，不做事、在外面游荡称“闲荡”，闲逛称“逛荡”。

“荡”字由本义引申指“洗、清除、全部扫光”，如荡除、荡涤、荡平、扫荡、冲荡、涤荡、荡然无存、倾家荡产。

“荡”字由“闲逛”引申指“行为放纵，不检点”，如放荡、浪荡、淫荡、放荡不羁。

“荡”字又引申指“平坦”，如浩荡、坦荡、空荡。由此又引申指“积水长草的洼地”，如水荡、芦苇荡。

“荡”字也作姓氏用。

金文

小篆

蕩
隶书

荡
楷书

让我们“荡”起双桨

今年春天，东门中学全校师生到太湖边春游。同学们在湖边钓鱼、野炊、放风筝……杨老师带领班上的同学，分乘几条小船，泛舟湖上。爱唱歌的杨莎莉，带头唱起了《让我们荡起双桨》。动人的歌声、优美的旋律，使这湖光山色，变得像人间仙境。

杨老师站起来，大声说：“同学们，你们一边荡桨，一边晃荡，体验一下‘荡’字的感觉吧。”

杨老师话没说完，小船摇晃，他站立不稳，一屁股坐了下来，同学们哈哈大笑说：“这叫动荡不安啊。”

金一鸣收起桨，任由小船飘荡。他还靠着背椅，装出睡觉的样儿说：“我现在是微波荡漾，随风飘荡……”

有位同学爱冒险，他岔开腿摇晃着船说：“我这叫颠簸摇荡，左右晃荡。”

刘坤培拿出诗人的气势，大声说：“看哪，茫茫太湖，浩浩荡荡，我心情激荡！”

美国同学牛皮•唐想起一首歌，大声唱起来：“哥哥岸上走，纤绳荡悠悠……”金一鸣提醒他：“还有妹妹坐船头呐，你不要把人家震荡得掉下湖啊。”

杨老师提醒大家：“我们不光体验跟‘荡’字有关的词，也得体验‘荡’字本身的特点吧。”

这句话提醒了金一鸣，他掏手机查字典，看了一串跟水有关的字，发觉只有“荡”字跟草相连。他见岸边芦苇在和风下摆动，便问杨老师：“荡的面积比湖小吧？它周围有芦苇水草。风吹草动，就是说荡是动荡不定的。水浅的湖叫荡子，怪不得把积水长草的洼地叫荡啊。”

杨老师赞赏道：“你说得太好啦。我们现在所在的是湖水最浅的地方叫芦苇荡。甲骨文的‘荡’字是个象形字，字形像一个人手持竹篙在撑船的样子。你想，水深能撑船吗？”

杨莎莉笑着说：“我们的语文课，搬到船上来啦。”

海中鸟栖的山——岛

dǎo

岛

甲骨文

金 文

小 篆

島
隶 书

岛
楷 书

“岛”字是个会意兼形声字。上面是个“鸟”字，下面是个“山”字。“鸟”是读音，“山”是形旁，表明这个字与“山”有关。

“鸟”与“山”结合在一起，表达什么意思呢？鸟，有候鸟。春来秋去，它们要寻找地方过冬产仔；它们南来北往，要飞洋过海，在茫茫大海中，它们要作短暂停留，以便休息和补充营养。这途中休息的地方，便是海洋中露出水面的山头。因此，“岛”的本义就是海中供鸟栖止的山头，也就是海中的山。

准确地说，岛指的是海洋中被水环绕，面积比大陆小的陆地，同时也指江河湖泊中被水环绕的陆地，如大海中的台湾岛、海南岛，太湖中的西山岛，长江中的崇明岛。岛屿是岛的总称。

有些国家的领土全由岛屿组成，称为岛国。

三面是海，一面与陆地相连的地方称为半岛，如山东半岛。

许多岛连在一起称为群岛，如舟山群岛。

说到“岛”字就倒了

民国年间，山东泰安有个半老头子，名叫齐海栖。此人读了没两年书，为养家糊口，就外出当教书先生了。

这天，他在教学生识字时，碰到个“岛”字，他不认识，便停下来，让学生自习，自己去查字典。字典上说这个字的意思是鸟儿栖在山头上。他心想，对呀，这个字的上面是个鸟，下面是个山，分明指的是鸟儿飞不动了，在山头上休息。栖，就是讲鸟儿歇息。他的名字是读“栖”。

齐海栖很高兴，他让学生反复读，每个学生都将“岛”字读成“栖”（qī）。

两年后，齐海栖回家乡教书了，新来了一位年轻的董老师。

不久，这位董老师教学生读“岛”字时读成“dǎo”，学生都说他读错了，应该读“qī”。董老师硬要他们读“dǎo”。

学生们回家把这事告诉家长。家长们都不识字，认为年轻的董老师不如年老的齐老师，就联名告诉村长。村长也是个文盲，他也认为，年轻人嘴上无毛，办事不牢。一气之下，就将董老师辞退了，还怪他连个“岛”字都不识。

董老师就像秀才遇见兵，有理说不清。他一边打包袱收拾行李，准备回家，一边自我解嘲说：“嗨，齐老师一欺（栖）两年，我董某说‘岛’便倒。”

人跌倒在地

dǎo

倒

小篆

倒

隶书

倒

楷书

“倒”字是个左右结构的形声字及会意字，左边的“单人旁”作形符，表示跟人有关；右边的“到”字读“dào”，作声符并会意。“人”与“到”组合，指“人跌倒在地”。因是指人跌倒在地，这跟“人”有关，所以古人用“人”字作“倒”字的形符。

古人为什么用“到”字作“倒“字的声符呢？

金文的“到”字是个会意字，左边是“至”字，右边是“人”字，两形合一，指“人到达”。小篆承接金文，但将右边的“人”字换成了“立刀旁”。因“刀”有锋锐快速之义，指人快速到达。“到”字的本义指“抵达、达到”。而人跌倒在地，也有“达到、到达”之义，所以古人用“到”字作“倒”字的声符并会意。

楷书的字形由小篆演变而来，写作“倒”。

“倒”字的本义指“人倒下去”。“倒”字由本义引申指“立着的东西躺下去”，如病倒、打倒、跌倒、跪倒、难倒、倾倒、倒伏、倒头、摔倒、卧倒、压倒、晕倒、吓倒、推倒。“倒”字由本义引申指“失败、垮台、不得志 ”，如倒霉、倒闭、倒台、倒塌、倒灶。“倒”字由本义又引申指“转移、转换”，如倒班、倒戈、倒换、倒帐、倒手、倒腾、颠倒是非、投机倒把。

“倒”字是个多音字，读作“dào”时，由“转换”引申指“上下前后颠倒”，如倒刺、倒插、倒放、倒立、倒装、喝倒彩、倒栽葱、倒打一耙。又引申指“往后退”，如倒车、倒退。由上下颠倒又引申指“倾斜地将容器里的东西倒出来”，如倒茶、倒油、倒垃圾。

“倒”和“倒屣”

距今两千二百多年的东汉末期，有位大文学家名叫王粲，山阳高平人，即今日山东邹县西南一带人。他幼年随家人迁往长安，十七岁时即有文名。他博学多才，被冠为“建安七子”之首。他尤以诗赋见长，但英年早逝，只活了四十岁。他的诗文存世不多，诗文加起来仅八十余篇，但皆为传世精品。

另一位名家叫蔡邕（yōng），他比王粲年长四十多岁，他也是当时的文学家、书法家。他学识渊博、喜爱辞章、数术、天文、音律等。他的书法作品，刻成碑石供人欣赏模仿，每天千余辆车停在街边，以至来看的人堵塞街巷。

蔡邕不仅诗文书法出名，而且是朝廷重臣，地位显赫，被封为中郎将。朝野都对他很敬重。他的住处车马盈门，宾客不断。

王粲二十几岁时在外地任职，回到京城时，就去拜访蔡邕。正巧，这天蔡邕在家接待许多客人。宾主席地而坐，谈兴正浓，家人来报，说王粲前来拜访。蔡邕一听，立即中止跟众人的谈话，随即起身，急匆匆地穿鞋子去迎接客人。因他年老，又十分兴奋，以致站立不稳，东倒西歪，连脚上的鞋子都穿倒了，他也不在乎，就这么倒穿着鞋子，急急忙忙地到大门口去迎接王粲了。

众人不解，什么样了不起的来客，让蔡中郎如此隆重而又兴奋不已呢?

不一会，蔡邕挽着王粲的手回到客厅，大家看到的是位年轻毛头小伙子，众人更为吃惊。蔡邕介绍道：“这位少年便是汉王公的孙子王粲，他文采非凡，连老夫也自叹不如！”

蔡邕赞赏王粲的事儿很快传播开了。人们将蔡邕这位老前辈迎接王粲的事用“倒屣相迎”四字来概括。“倒屣”也便成了一个单独词语。“倒”，是“颠倒”；“屣”是鞋子；“倒屣”就是倒穿着鞋子。“倒屣相迎”即倒穿着鞋子去迎接客人，显出主人的急切匆忙及兴奋，引申指热忱欢迎，如今作书面语，用来指热情好客。

dāo

到

快速抵达——到

金文的“到”字是个会意字，左边是“至”字，右边是“人”字，两形合一，表示“人抵达”。

小篆的“到”字承接金文，但有所变动，成了个左右结构的形声字兼会意字，左边的“至”字作形符，有抵达之意；右边的“立刀旁”表示“刀”，读“dāo”，作声符并会意。“刀”字与“至”字组合，指“快速抵达”。因是指快速抵达，这和“至”字有关。甲骨文和金文及小篆的“至”字都是指事字，字形像远处射来的箭落到眼前地上。金文和小篆的字形大体相同，隶变后的楷书写作“至”。

“至”字的本义指“远处的箭落到眼前地上”，后引申至“到达”之意，这和“到”字的“抵达”之意是一致的，所以古人用“至”字作“到”字的形符。

古人为什么用“刀”字作“到”字的声符呢？

甲骨文的“刀”字是象形字，字形像把锋利的刀。因“刀”为利器，有“快速”之意，而抵达也有快速之意，所以古人用“立刀旁”的“刀”字作“到”字的声符。楷书的字形由小篆演变而来，写作“到”。

“到”字的本义指“抵达、达到”，如来到某种场所称“到场”；到了某地点称“到达”；到达终点、尽头称“到底”；还有到顶、到家、到来、到期、到手、到头、达到等词语。

“到”字由本义引申指“往”，如接受委派，来到工作岗位称“到职”或“到任”。又引申指“周全”，如周到、到处、面面俱到。“到”字还用来表示动作有结果，如达到、感到、受到、遭到、得到、直到、独到等词汇。

金文

小篆

到
隶书

到
楷书

“到阳”和“盗羊”

公元420年，东晋灭亡。公元589年，隋朝建立。这一百七十年是中国历史上一段大分裂时期，史称南北朝时期。其中北方有个北魏王朝，是北朝第一个政权，故称“北魏”，也有续“曹魏”政权，对抗东晋的意思。

北魏孝明帝期间，京城一位名士，名叫许超。这人颇有才能，但一直未受重用，闲居在家。有一天他做了个奇怪的梦。他梦见自己偷了一只羊，结果被抓住，官府判他有罪，关入狱中。

许超有位朋友名叫杨元慎，此人是当时很有名的解梦大师。许超把杨元慎请到家，将梦中情景讲与他听，问吉凶祸福，如何应对。

杨元慎听罢，略一思索，呵呵笑道：“阁下要我解这一梦，非得备一桌酒席不可。”

许超见有喜事模样，忙命家人备上酒席。

席间，杨元慎分析道：“由你梦中盗羊且又入狱这一梦境来看，你官运到了，准备走马上任吧。”

徐超问：“兄台何出此言？”

杨元慎说：“这正是要害之处。阁下因盗羊而入狱。看似荒唐，但这狱字却大有玄机。‘狱’者，围城之象，高墙之内为之狱。入狱者，为入城、进城。哪一个城？即城阳之城，因此我断定你将到城阳去当县令了。”

杨元慎言之凿凿，许超将信将疑。但没过多久，许超便被委以城阳侯，到那儿当县令了。

日有所思，夜有所梦。解梦有其科学之处，并非全是荒诞不经，一派胡言。但许超所梦，有违常理。他这种人怎会梦见自己去偷羊？又被捕入狱？看来这则故事为后人编造，为下面到城阳为官做铺垫。若不如此，便不能引出“到阳”一词。正因“盗羊”与“到阳”谐音，再加上有围城之意的“狱”字，才有到阳城任县令之结论。即使说他顺手牵羊或大胆盗马，都不能圆满解得此梦。

dào

盗

甲骨文

小 篆

盗

隶 书

盗

楷 书

见器皿流口水想盗窃

“盗”字是个上下结构的会意字，分析起来是个有趣的故事。上面的“次”字是古时的“涎”“xián”字，指“涎水”，也就是“口水”。这人为什么流口水呢？因为他看到了下面的“皿”字。这个“皿”字读“mǐn”，指“器皿”，是用来盛东西的日常用具，如缸、碗、盆之类。也许这里面盛着宝物或玉石，也可能盛着美食，这人就贪婪地流下口水，准备窃为己有。这就是“盗窃”的“盗”。

小篆的字形由金文直接演变而来。楷书的字形由小篆演变而来，写作“盗”。

“盗”字的本义指“偷窃”。如偷出并卖出称“盗卖”，偷窃骗取称“盗窃”，非法使用公家或别人的名义、财物称“盗用”，偷偷地运输称“盗运”。偷掘坟墓，窃取墓中殉葬品称“盗墓”。还有“防盗”“失盗”“监守自盗”等词。

“盗”字由本义引申指“用不正当的手段取得”，如欺世盗名。

“盗”字由本义又引申指“抢劫或偷窃个人或公共财物的人”，如用暴力抢夺别人财物的为非作歹的恶人称“强盗”“盗匪”“盗贼”，出没在海洋上的强盗称“海盗”“江洋大盗”。

“盗”和“天下有道”

我们在讲汉字故事时，常常讲到文字狱。

“文字狱”的形式，恐怕离不开三个条件：

一是统治集团的核心人物，掌控生杀大权的皇帝或奸相，如窃国大盗袁世凯之类。当然，也包括地方上的土皇帝，如“只许州官放火，不许百姓点灯”的州官田登。这些人以自己阴暗的心理，胡猜乱想，牵强附会，指鹿为马，酿成文字狱。

其次是一些得势的奸邪小人，他们或为邀功请赏，巴结主子，或为挟仇报复，陷害他人，故意制造冤案。

三是贪官酷吏，他们为迎合主子，不遗余力，网罗罪名，严刑迫供，屈打成招，这才形成冤案。

明朝开国皇帝朱元璋，他所制造的文字狱最多。民间传说不计在内，史书上记载的就有好多例。有人在奏章中写有“天下有道”四个字，这是句颂扬的话，赞美天下太平，有道义、有道德、有公道，但朱元璋偏偏把这“道”字跟“强盗”的“盗”字联系到一起。他并不是理解为“天下尽是强盗”，有诬蔑他治下的世道不安之义，而是想到他历史上不光彩的一页。他年轻时曾当过和尚，后来又参加过红巾军，在此期间，干过拦路抢劫、杀人放火、偷窃等勾当。他也明白，此等事皆可称作“土匪、强盗”，是见不得人的。所以他对“道”字十分敏感，马上联想到“盗”字，此人是以“道”字暗讽他当过强盗，于是，他传旨将此人下了大狱。

还有一人的奏章中有“遥望帝扉”四个字，对这“扉”字他也十分警惕，马上联想到“匪”字，怀疑此人在暗讽他当过“强盗”“土匪”，于是也让此人下了大狱。

dào

道

用脚走的路——道

“道”字，是由“行”和“止”组成的。“行”字是个四通八达的十字大道，当中的“止”字表示一只脚，意思是一只脚在大路上走着，其本义指“用脚行走的路”。

金文的“道”字变成了“行”字和“首”字“行”，仍然表示十字大道。当中的“止”字换成了“首”，这是什么意思？有人考证，“首”字跟“页”字一样，都是表示人的头。在这儿可能有两层意思。

有人认为，“首”字表示一个人，在很远的地方就可以看到这人的面孔，表明四周没有遮挡物，只有在非常宽广的大道上才能如此清楚地看到上面行走的人。

也有人认为，这个“首”字表示一个带领走路的人，也就是引导的人，所以“道”就是“导”的初义，这个字的本义就是“导”。原来没有“导”，以“道”代“导”。后来造了个“导”字，“道”就专门用来指大道的“道”了。

“道”指路，如康庄大道、羊肠小道、人行道、铁道、道岔。

水流过的地方也称“道”，如河道、下水道。

由于道路四通八达，所以“道”字又引申为方向、方法、道理，如志同道合、头头是道。由此又引申为“道德”，如道义。

“道”也作量词用，如一道河、两道题目、三道防线、四道门坎、万道霞光。

金文

小篆

道

隶书

道

楷书

考生测"道"字

清朝乾隆年间，朝廷大开科考，共有进士一百零二名，安徽的占了八名，歙县的胡先声便是其中一个。

在尚未揭榜之前，应考的人聚集在一起，猜测会考的结果。

其中一名考生写了一个"道"字，问谁能测出这次安徽可中几人。没等别人开口，胡先声大声地说道："一定会中八人，我保证也是其中一个。"

大家忙问为什么。胡先声环顾了一下，信心十足地说："各位请看，'道'字外面是进士的'进'字的框子，而中间是一个'首'字，所以肯定有人能中进士。再说，'首'字上面两点是'八'，当中是'一'字，下面是个'自'字，这说明我自己也在进士之列。'首'字上面是个'八'字，'首'字也离不开'八'字。'八'字首当其冲，这岂不是说考中进士的恰好有八名吗？"众人将信将疑，都拭目以待。

这位姓胡的老兄，把个"道"字说得丝丝入扣，神乎其神。结果如何呢？根据笔记小说记载，会考结束与这姓胡的所测一模一样。这事是巧合还是胡某有先见之明？那就不得而知了。

臼中春禾溅米粒——稻

dào

稻

甲骨文

金文

小篆

稻

隶书

稻

楷书

甲骨文的“稻”字是象形字，也是会意字，字形像用杵（chǔ）这种棒槌在石臼（jiù）中春（chōng）谷，上面几个小点儿指春禾谷时溅起的米粒。

金文的“稻”字由甲骨文演变而来，也是个象形字，字形像手里拿着“禾”，即稻把子，在臼里春。也有人认为金文左边从“禾”，指手拿稻把，右边是伸手从臼中取米形，这个字便是“舀”（yǎo），这是个会意字，上面是表示手的“爪”，指伸手在臼中掏取。掏取什么？掏取已春好的“米”。

由此看来，金文的“稻”字已成了个左右结构的形声字兼会意字，“禾”为形符，表示跟稻谷庄稼有关；右边的“舀”字读“yǎo”，作声符并会意，这就是我们常说的“舀水”，“舀米”的“舀”。

因春的是稻谷，所以用“禾”字作形符。因“舀”字表示从臼中取米，这正是春谷后的收获，所以“稻”字用“舀”字作声符并会意。

小篆的字形由金文演变而来。楷书的字形由小篆演变而来，写作“稻”。

“稻”字的本义指“黏（nián）糯（nuò）米”。

“糯米”是由糯稻碾出来的米，这种米可以做糕点、粽子，也可酿酒，也叫“江米”。

广义地说，“稻”字的本义也可说是“稻子去壳后的大米”，如稻谷、稻糠、稻米、稻田、稻秧、早稻、晚稻、粳稻、水稻、糯稻等。

徐秀才妙作谐音联——稻

有本笔记小说，讲了个乾隆年间江苏江阴南闸一位秀才作对联的故事。徐秀才自称是大旅行家徐霞客的后代，可他却足不出户，一直在家攻读诗文，且特别爱钻研历代楹联，自己也喜欢创作对联，到了痴迷的程度。徐秀才功名无望，就在村头开了个塾馆，教十几个孩子读书识字，养家糊口。

一夏日的午后，徐秀才躺在床上想睡会儿，一眼看见屋梁上伏着一只大老鼠，也在悠哉悠哉地乘凉，他学声猫儿叫想吓唬它，大老鼠根本不在乎。徐秀才童心大发，提笔在墙上画了只猫儿对着它，老鼠一见，吓得"哧溜"一下逃走了。

徐秀才见此情景，乐得大笑。笑罢，诗兴大发，再也睡不着了。他来到书桌前，反复思考，将刚刚经历的事儿浓缩成一句上联：

暑鼠梁凉笔壁描猫惊老鼠

十一个字，完整地述叙了人与鼠的一系列动作，用字十分简洁，值得一提的是，这些动作和对象用的都是谐音字。翻译成口语是：酷暑中有只老鼠在屋梁上乘凉。用笔在墙壁上画猫，惊动了老鼠。这些谐音字用得贴切自然，丝毫不矫柔做作。

徐秀才写下上联，却再也续不出下联了。他茶不思，饭不想，睡不着，一连数日，像丢了魂似的。这天，他在打谷场上转悠，想着下联的事儿，看到一群鸡在偷吃堆在地上的几捆稻。几个孩子用小石子儿向鸡群掷过去，吓得鸡"咯咯咯"地叫着飞走了。此情此景，触动了徐秀才的灵感，他立马奔回去，写出了下联：

饥鸡盗稻童同拾石打饥鸡

这下联与上联对仗工巧，贴切合律，读者诸君，想必用不着笔者画蛇添足再往下啰嗦了吧？

一路行走有所得

dé

得

甲骨文

金 文

小 篆

得
隶 书

得
楷 书

古代的“得”字是个会意字，它的左边是个“贝”字，右边是个“又”字。“贝”表示钱财宝物，“又”表示一只手，手里拿着钱财宝物，表示有所得。

金文的字形由甲骨文演变而来，但在左边加了个双人旁，表示街道，也有行走之义。

小篆的字形承接金文，但略有变化，将“又”字换作“寸”。“寸”也表示“手”。隶变后楷书写作“得”。

“得”字是个左右结构的形声字兼会意字，左边的双人旁表示行走；右边的部分是声符，读“dé”；两形合一，指“边行走边有所得”。

“得”字的本义为“获得、得到”。如达到目的称“得逞”，碰到方便的机会称“得便”，受宠爱称“得宠”，变为自己所有称“得到”，得胜、得失、得益、博得、所得、心得、赢得等都是“获得”的意思。

“得”字由本义引申指“适合”的意思。如恰当、合适称“得当”，采用恰当的方法称“得法”，办事顺利，达到目的称“得手”，得体“得劲”中的“得”都是“适合”之意，即得意洋洋、得意忘形。又引申指“准许”，如：不得入内。又引申指“完成”，如衣服还没做得。

“得”字是个多音字，读“de”，指“可能”，如出得去、看得见，又表示“结果和程度”。如吃得饱、大得多。读“děi”时，指“必要、应该、需要”，如得去、非得、必得、总得、你得多努力啊。“得”字也指“估计必然如此”，如今天他准得来，你得快点，要不来不及了。

来日定闻马蹄声——得

民国末年，大上海是中国对外交往的发祥之地，商贾云集，市场繁华。外滩靠外白渡桥一条小巷里，有位外号刘字痴的测字名家，常与商家打交道。

这天，刘字痴的盐城老乡刘老六找上门来。刘老六有艘近百吨的大船，近日有两位木材商约他去江西贩木材。刘老六拿不定主张，特地来找刘字痴测个字，看这笔生意有无风险。

刘字痴按规则，让刘老六从字口袋里摸个字，翻开一看，是个“得”字。刘字痴眼睛盯着“得”字说：“按字义讲，这是个吉祥字。‘得’嘛，谁不想有所得呢？你要与这两个人搭伙做生意，正巧‘得’字左侧是双人旁，指的是‘二人’。这二人如何？‘得’字右侧有‘時’之状，一时难分上下。看来不是刁奸促狭之人，否则在生意场上也混不到今日。再说这‘得’字，左为二人，右有‘一日一寸’之意。在测字行当里称之为‘逐日高升’，不是走下坡路，不显破败象。再从‘得’字字形看，左为‘二人’，右为‘一’与‘旦’加‘寸’。一寸为十分，这就有了个好口彩，‘一旦二人到，可十分成功’。”

刘老六听了，面有喜色，但不放心地问：“一旦他们另打主意，雇别的船呢？”

刘字痴指着“得”字说：“你放心。他二人若不来，就像这‘得’字右边所说‘一旦走过’，还会另有二人来相助。”

刘老六紧锁眉头，似未听懂。刘字痴一笔一画解释道：“这‘得’字右侧有‘一、旦、寸’三字。‘寸’字加走之旁即为‘过’，此字为俗体，用的人不多。在我看来，用在‘得’字上，就是‘一旦走过’，左侧二人便来相助，你不愁找不到好的合伙人。有首诗赞这‘得’字，末两句是‘有待纵横驰骋去，来日定闻马蹄声’。这‘待’字上一纵一横的‘十’字去掉，换上‘来日’的‘日’字就是‘得’字。马蹄声‘得得得’地传来，不就是快马报捷么？你还要怎样呢？”

此番话，说得刘老六大喜而去。

走路用心看——德

dé
德

甲骨文

金文

小篆

隶书

德
楷书

“德”字是一个会意字。左边的偏旁表示道路，右上部分表示人的眼睛，再和右下角的“心”联系起来，意思就是走路要眼睛和心一起用，强调了做事要目光集中，并且要用心。后来就用来表示要集中心力、用走大路的准则去行事，这样做才能成为有德的人。所以“德”的本义是“遵守道德规范的好的品行”。

在封建社会里，妇女必须遵守“三从四德”，所谓“四德”是指妇德、妇言、妇容和妇功。

我们说一个人有才能、品行好、素质好，常用“德才兼备”来形容。“德高望重”形容一个人品德高尚、声望极高。

“德”也可以解释成恩惠，如感恩戴德。

十四日内一心要来——德

元朝时，河北保定有个叫“张半仙”的术士。

一天，张半仙闲着无事，家里忽然来了个人，想请他测一个字，但又不说要测什么字。

张半仙为难地说：“你不写字我怎么测呢？”来人四下看看，见桌上摆着一本《千字文》，翻开一页，指了指其中的一个“德”字。

张半仙捋捋胡须，问道：“是不是家里要来客人了，想测测什么时候到呀？”

来人吃了一惊，忙把头直点。张半仙笑着说：“自今天起十四天内就到。”来人不相信，摆手说道：“不可能，他俩手头上的事情还没做完，不会这么快就来。”张半仙哈哈一笑：“一定会来的，回去等着吧！”

没到十四天，那个人又找到了张半仙，高兴地说：“他们两个人来啦！先生，你怎么算得如此准呢？”

张半仙嘿嘿一笑，解释道：“‘德’字左边是双立人，所以你一定是测两个要出行的人，而右边上部为‘十四’，下部为‘一心’，两个客人当然是十四日内一心要来啦。”

张半仙能否算得如此之准？天晓得。诸位只当作笑话来听听吧。

dì

的

小篆

的

隶书

的

楷书

亮处用勺舀东西——的

小篆的“的”字写作“昀”，这是个左右结构的形声字兼会意字。左边的“日”字作形符，表示跟日光、太阳有关；右边的“勺”字读“sháo”，作声符并会意；“日”字与“勺”字组合，指在明亮的日光下，便于用勺子舀东西。

因是指在明亮的日光下用勺子舀东西，这跟日光有关，所以古人用“日”字作“的”字的形符。

古人为什么用“勺”字作“的”字的声符呢?

金文与小篆的“勺”字都是象形字，字形像用勺子舀东西，所以“勺”字的本义指“用勺子舀取”，这跟“的”字中间勺子舀东西是一致的，所以古人用“勺”字作“的”字的声符并会意。

小篆的字形由金文演变而来，写作“的”。

隶变后的楷书将“的”字中的“日”字改为“白”字，写作“的”。“白”字也表示明亮，所以古人也用“白”字作“的”字的声符。

“的”字的本义指“明亮”。“的”字由本义假借指箭靶的中心、目标。

“的”字是个多音字。读“dí”时，假借指“确实”，如“的确”，指完全确实，实实在在；“的当”，指恰当、妥当。当“的”字读作“de”时，表示“修饰、所属关系”，如你的，我的，他们的。“的”字放在“的字结构”里，代替所指的人或物，如看戏的、买书的、打架的、来的来、去的去。“的”字用在句末，表示“肯定、疑问”等语气。如这种事我是不干的、我是来买东西的、他是知道的。

一语中的

“的”字的本义指“明亮”，因“明亮”易被看到，所以就假借指箭靶的中心，这就成为“目的”。因是“目的”，那就盯着看，不会看错了，所以又假借为“确实无误”，这就是“的确”。“的”字读作“de”时，是指“修饰，所属关系”，如你的我的……

由“的”字组成的成语有好几个，其中“无的放矢”和“一语中的”为大家所熟悉。

“一语中的”和“一语破的”是一个意思，表示一句话说中要害，此时的“的”字应读“dì”，不读“dí”；此外还有“一语道破”“一言说破”“一口道破”“言之破的”“妙语破的”“一言中的”；另外还有“语语破的”，表示每一句话都击中要害。还有“一发破的”指事情一经提示或启动就抓住要害。与“一语中的”内容相似的还有“一针见血”“一刀见血”“刀刀见血”等，这些都是比喻“简短的一句话就击中了要害”。

从这么多意思相近的成语可看出，汉语词汇之丰富，不是任何别的文字所能比的。我们在使用时，尽可精挑细拣，寻找最精确的字词来表达我们的思想。

有人将“一语中的”的典故，加在南宋爱国诗人辛弃疾身上。辛弃疾的词充满报国之情，抒发自己对故土的怀念和壮志未酬的悲愤。其词风格多样，但以豪放为主。在一次名人聚会的场合，有位歌女唱了辛弃疾的两首新作，听者无不为之感动，个个鼓掌喝彩。为此，辛弃疾十分高兴，向各位致谢，希望大家批评指正。

在场的人，除了赞美之外，有谁敢提出批评意见呢？在众人一片赞美声中，抗金名将岳飞的孙子岳珂大声说：“依我之见，两首词用典太多，有喧宾夺主之嫌，不知先生意下如何？”

辛弃疾听了，略一深思，走上前去，对岳珂拱手谢道：“您这是一语中的！”

有人认为，这便是“一语中的”的来历，但时至今日尚未见到有可靠的史料作证，那我们就让其存档待查吧。

dēng

灯

照明的工具——灯

“灯”字写作“燈”，这是个左右结构的形声字兼会意字。左边的“火”字是形符，表示跟火或火光有关；右边的“登”字是“镫”字简省的写法，用来作“燈”字的声符，这个字读“dēng”。这两个字形组合在一起，指“一种照明的工具”。

古人为什么用“登”字作“燈”字的声符呢？因为“登”字是“镫”字简省的写法，而“镫”字是一种盛放祭祀物品的器具，也可用来存放蜡烛或油料作照明用，所以“登”字用“燈”字作声符并会意。

楷书的字形由小篆演变而来写作“燈”，后来简化为“灯”。这简体字“灯”字就只是个简单的形声字了。左边的“火”字为形符，右边的“丁”字为声符。两形合一，指一种照明的工具。

“灯”字的本义指“照明的器具”。

“灯草”，是旧时油灯灯心草茎的中心部分，用作油灯的灯心。

“灯火”是油灯灯心燃烧时结成的花状物。

“灯笼”是悬挂或手提的照明用具。

灯泡、灯台、灯罩、壁灯、吊灯、风灯、宫灯……等都与灯有关。

“灯”字由本义引申指“其他用途的发光发热的器具”，如装有强光源的塔称“灯塔”，是夜间指引船舶航行的标志；“红灯”，是安装在交叉路口指示车辆和行人停止前行的红色信号；矿井下特制的照明灯称“矿灯”；此外还有水银灯、无影灯、霓虹灯等。

小篆

燈

隶书

灯

楷书

不许百姓点灯

“只许州官放火，不许百姓点灯”这句俗语广为人知，人们都把这事当作笑话故事来讲。之所以看作笑话，因为它实在荒唐，近乎蛮不讲理。

这故事来源于南宋大诗人陆游所写的《老学庵笔记》，是由古代因文字避讳而派生出来的笑话。

这个故事说的是一个名叫田登的州官，因为他名字中有个“登”字，所以全州百姓，都避讳“登”字，连同跟“登”字谐音的字都不能用。百姓们晚上要点灯照明该怎么说呢？元宵节赏灯闹花灯该怎么说呢？这位田大人就别出心裁，发布命令：凡在本州点灯、赏灯、闹花灯，一律改称“放火”。由此便产生了“只许州官放火，不许百姓点灯”这个俗语。

点灯本是天经地义，合理合法的事，但遭到禁止。放火是无法无天的事，却被纵容，得到许可。这两个截然相反的事作一对比，更显得这种事荒唐可笑，令人愤恨。

这个成语故事，不仅讽刺了统治者的愚昧可笑，也反映了百姓对贪官污吏横行霸道、蛮不讲理的仇视。同时，还反映了百姓们对流传数千年来所谓文字避讳的反感和鄙视。

登上台阶进献祭品

dēng

登

甲骨文

金文

小篆

登

隶书

登

楷书

古代的“登”字是个会意字。字形显示，上面是两只脚，一左一右；中间是个“豆”字，是盛食物的器皿，可以理解为里面装着食物，很可能是祭祀祖先和神灵的祭品；下面是两个“又”字，表示一双手捧着器皿；综合起来表示双手捧着“豆”这个器皿，用双脚登上台阶进献食物或祭品。

小篆的字形省去双手，直接表示双脚登上台阶进献食物或祭品。隶变后的楷书写作“登”。

“登”字的本义指“进献”。

“登”字由本义“进献”引申指“升高”，表示由低处向高处走，如登山、登高、攀高。起程、上路称“登程”，谷物收割后运到场上称“登场”，帝王即位称“登基”。考中进士称“登第”，也称“登科”。还有登陆、登岸、登门、登台等词。

“登”字由本义引申指“庄稼成熟”，如五谷丰登、满登登。由此又引申指“刊载、记载”，如登报、登记、登录、刊登。又引申指“穿裤子穿鞋子”。如脚登绣花鞋。还引申指“腿脚向下用力”，如登自行车。还表示用脚踩，如登在凳子上。

英雄走马向前程——登

北宋宣和年间，测字名家谢石来到京城汴梁，即今日河南开封，他在市中心要道口寻了间房子，开了家测字馆。这测字馆左侧是酒楼，右侧是镖局，人来车往，甚是繁华。

山东文登县有位镖师名叫登科，此人三十来岁，文武双全，为人仗义，跟谢石成了无话不谈的朋友。一月前，有个地头蛇带人强占谢石租下的这间房子，登科路见不平，三拳两脚把这帮人打得落花流水，抱头鼠窜。这天，谢石见登科远出归来，便在酒楼设宴款待，以表谢意。

登科长叹一声道："在下已过而立之年，仍是孑然一身。祖上盼我读书科考，金榜题名，给我起名登科，我偏偏喜欢习武，如今空有武力，只能为人家当个保镖，今后不知前程如何呢。"

谢石问："壮士年已三十，为何不成家呢？"

登科叹道："我身为保镖，生死难定，何必拖累别人呢？"

谢石赞道："难得有壮士这般儿女心肠。今日我就为你测个'登'字吧。你这'登'字是'豆'字加'癶'字头。'豆'者，种瓜得瓜，种豆得豆。我听不少人说起你，说你古道热肠，助人为乐，急人之困，又敢于担当。按天理说，好人有好报，如同种豆得豆，由此看来，你这'登'字的根基是牢固的。"

谢石说罢，又蘸酒水在桌上写了个"登"字道："登字乃是遇火成'燈'，一片光明。'登'字遇水成'澄'，清澄见底。按理说，水与火互不相容，但你这'登'字能容水也能容火，足见壮士心胸开阔，海纳百川，朋友广众，日后定有贵人相助。"

登科笑道："谢先生吉言。在下不日将回家乡另谋出路，借你美酒，向你辞行。"说罢将杯中酒一饮而尽。谢石起身举杯道："'登'字左旁加'金'字即为'镫'（dēng），既有马镫，必有良马，这就是君子停车询后路，英雄走马向前程。我敬你一杯，感谢你相助之恩。"说罢仰头一饮而尽。

登科举杯道："古人还有一句话，人行了事，莫问前程。你我有缘，来，干杯！"

把竹简弄整齐——等

děng

等

金文

小篆

等
隶书

等
楷书

“等”字，是个上下结构的会意字，由“竹”和“寺”组成。

上面是竹字头，就像两棵竹子并生。竹子都是丛生的，没人见过一根竹子的。而树木有单独一棵生长的，所以“木”字可独木，而“竹”字都是两个连在一起，表示众多。在这里，竹字表示竹简，也就是古代用来写字的竹片，用绳穿起来便是书简。

“寺”字在金文中是由“止”和“又”组成的形声字。到小篆中变形为上面是“土”，下面是“寸”。上面的“土”表示读音，下面的“寸”表示法度，做事要有规则。而掌握法度和规则的是官员，所以“寺”的本义是“古代官员办公的官署”。

表示执法的“寺”和表示竹简的竹字头组合在一起，就是指通过治理使竹简整齐划一，不要或长或短，本义是“竹简整齐”。

“等”由“竹简整齐”，引申为“相同，一样”，如相等、等同、等于。

竹简在整理过程中，高下长短就显示出来，这就有差别，有级别、品级之分了。这就是等级、特等、优等。

“等”有种类的意思，如这等事，此等人。

为了使竹简整齐，这中间有个过程，需要一段时间，所以“等”就有等待、等候的意思。

东晋·王羲之《淳化阁帖》

南朝齐·王慈《万岁通天帖》

竹林有寺没有僧——等

我国唐朝时，有位大诗人叫李白。李白一生好游历，也好喝酒。

这天，李白骑着马，来到黄山脚下。天近中午，李白饥肠辘辘，正巧前面有个村子，村头有家小店，他便牵着马走了过去。

店主迎出门，安排好马，便来招待李白。

李白要了几盘菜，一壶酒，自斟自饮。

李白吃得高兴，吟起诗来：

一人一口又一丁，
竹林有寺没有僧。
女人怀中抱一子，
二十一日酉时生。

李白吟罢，朝店主看看。这店主识得几个字，又是个机灵人。他听出，眼前这位客官是以诗作谜，在问他话呢。他回味了这四句话，就已猜出这首诗每一句包含一个字。第一句是“何”字，第二句是“等”字，第三句是“好”字，第四句是“醋”字。

店主迎上前去，对李白笑道：“客官你是说‘何等好醋’吗？”说罢，为李白端来满满一碗醋。

李白见店老板把四个字都猜出来了，十分高兴，还特地为这家小店题了店名呢。

dī

低

人垂头则低矮

“低”字是个左右结构的形声字兼会意字，左边的“单人旁”作形符，表示跟人有关；“低”字右边的“氐”字读“dǐ”，作声符并会意；“单人旁”的“人”字与“氐”字组合，指人弯腰垂头时必定低矮一点儿。因是指人垂头弯腰，这与“人”有关，所以古人用“人”字作“低”字的形符。

古人为什么用“氐”字作“低”字的声符呢？

甲骨文的“氏”（shì）字与“氐”字本是一个字，字形都像种子萌芽长出根。后来“氏”字引申为姓氏（shì）所专用，古人就在“氏”字底下加一横，指根扎到这里，表示这是根的底部。隶变后写作“氐”，表示根的最下面。由“氐”字根扎到地里，引申指底下。因是最“底下”，当人提取时，必定先放在地上，这时其头部和身躯必定弯下来，这时人肯定矮了不少，这就是“不高”。所以古人用“氐”字作低字的声符，以表示“不高”之义。

楷书的字形由小篆演变而来，写作“低”。“低”字的本义指“不高，也就是矮”，如低矮、低落、低洼、低压、贬低、降低、低估、低空、减低、眼高手低、高高低低。

“低”字由本义引申指“等级在下的”，如低年级、低一班。由上义引申指“在一般标准或平均水平之下”，如低档、低水平、低能儿、低调、低劣、低烧、低温、低音。由上义引申指“卑贱”，如低贱、低三下四、低微。又引申指“垂下”，如低垂、低头。

低
小篆

低
隶书

低
楷书

以书作枕嫌太低

“低”字作形容词用，指从下向上的距离小，离地面近，跟高相对；“低”字也指在一般标准或平均程度之下，如低矮、低凹，也指认识水平低、学习成绩低，这些都是跟“高”相对的。人们在表达时，若发音不准、语义不明，往往会闹笑话。

却说清朝乾隆年间，扬州城里有位读书人，名叫连三元，祖上是盐商，一心希望他能考中举人，连中三元，考上状元，荣宗耀祖。

连三元摆出一副刻苦读书的样子，嫌家里人来客往，不得安宁，便在城外大明寺租了间房子，让书童挑着一大担书，到寺里苦读，以迎接乡试。大明寺住持大和尚得过连家的善款，所以对连三元盛情款待，让他安静读书。

住持大和尚发觉，连三元来到寺里，读书时间少，出外游玩多，还常邀来三朋四友喝茶聊天，高谈阔论，有时还玩斗蟋蟀之类的事儿。他来这儿读书是假，实为逃避家中父母的管束。

这天，连三元上午去西湖喝酒，中午回来已是精疲力尽，便斜躺在竹床上和衣而睡。他吩咐书童给他拿书来。书童闻声送来《论语》。连三元说：“低！”书童又捧来本《汉书》，连三元又说：“低！”书童再拿来《史记》，连三元连声说：“低！低！”

站在窗外的住持大和尚听了，不由暗暗吃惊：论连秀才的学识，未必有多高，这三部精典之作，在他眼里怎会嫌低呢？

待小书童出来，住持大和尚问道：“你家公子，怎嫌精典之作低呢？只要熟读一本，学问就够高深的了，何况三部呀？”

小书童“扑哧”一笑说：“我家公子要我拿书给他当枕头，他嫌枕头低啊！”

主持大和尚听罢，长叹一声：“如若这般，怎能连中三元呢？”说罢，拂袖而去。

用土石建筑的河堤

dī

堤

金文

小篆

堤

隶书

堤

楷书

“堤”字是个左右结构的形声字兼会意字，左边的提土旁“土”是形符，表示与土、石有关；右边的“是”是声符，读“shì”，其本义指“沿江河湖泊，用土或石头修筑的防水建筑物”，如堤岸、堤坝、堤防、堤围、堤堰、河堤、海堤。

古人之所以用“是”作声符，是有一定道理的。“是”字在小篆中是个会意字，它由“日”字和“正”字组成，表示以太阳为标准，会正而不偏，直而不曲。“是”字的本义是“直、正”，从而引申出“对、正确”的意思，再引申出回答的词汇，表示同意、服从，如是的。

我们知道，用土、石筑的堤岸，大都是直立的，所以“堤”以“是”作声符，并会意。

“堤”字还有一种写法是“隄”，东汉许慎所编的《说文解字》中，对“隄”字所作的解释是“隄，唐（塘）也。”他认为，“隄”就是“塘”。而“塘”的本义就是指“堤岸、堤防”，如河塘、海塘。后假借为“水池”，如：池塘、鱼塘。又引申指“小坑”，如火塘。还引申指“浴池”，如洗澡塘。

因为“塘”字被假借后，不再担负堤岸、堤防的意思了，“堤”也就专职作“堤岸”用了。“隄”字也就作为异体字渐渐被人们遗忘了。

明·文征明《西苑诗》

这不是乾隆爷的错——堤

杭州是人间天堂，西湖的风景更是令人向往。

暮春三月，江南草长，已退休的严老师和老伴到杭州旅游，他俩来到苏堤，只见导游小姐指着御碑亭内石碑上刻的“苏隄春晓”四个字，问大家：“游客朋友们，这四个字，是乾隆皇帝写的，你们有没有发现，这老乾隆写错了一个字？”

她这一说，大家才发现，其中的“堤”字写成了“隄”字，提土旁变成了耳朵旁。

导游小姐没等大家回答，便说：“乾隆皇帝下江南，在西湖留下了不少墨迹。其中有不少体现了他的个性，比如花港观鱼，他写的鱼字是三点水，不让鱼在火上烤。他来到苏堤，这是湖当中的位置，周围静悄悄的，他觉得在湖中观赏景色，不仅要用眼睛看，还得用耳朵听，所以他就自作主张，把苏堤的堤字上的提土旁换成了耳朵旁。皇帝说的话是金口玉言，他这样写，谁敢改呀，所以才有了今天这个‘苏隄春晓’。”

游客们听了，啧啧称奇，还有人骂乾隆蛮不讲理呢。严老师是研究古汉语的，他知道导游小姐讲错了，这事怪不得乾隆爷。

趁游客们分散休息的空儿，严老师对导游小姐说：“你讲得很生动，不过，这耳朵旁的隄跟提土旁的堤，古代是同一个字，只是两种不同的写法而已。古代的耳朵旁，并不是指耳朵，而是指今天仍在用的‘阜’字，指隆起的土堆成土山，这跟堤岸用土或石头建造有关。所以，乾隆皇帝没写错。”

导游小姐听了，连声致谢，并说下次介绍时，也把这一知识讲给大家听。

《草书韵会》

唐·孙过庭

dī

滴

小篆

滴

隶书

滴

楷书

往下落的水点——滴

“滴”字是个左右结构的形声字兼会意字，左边的“三点水”作形符，表示跟水有关；右边的“啇”字读“dí”，作声符并会意；“啇”字与“水”字组合，指一点一点往下落的水点。因是指往下落的水点，这跟水有关，所以古人用“三点水”作“滴”字的形符。

古人为什么用“啇”字作“滴”字的声符呢？

甲骨文、金文和小篆的“啇”字都是上下结构的形声字兼会意字，下面是“口”字作形符，上面的“帝”字作声符。两形合一，表示“集结扎束”，以会“高声”之意。隶变后分化成“啇”和“啻”及“啼”三个字。“啇”字专用作偏旁，有木根、根本、集结之意，也指“树根”。

树根具有聚结吸收水的功能，“啇”字含有“液体落下像树根一样钻入泥土中”之意，这跟“滴”字“水点落下”是一致的，所以古人用“啇”字作“滴”字的声符并会意。

楷书的字形由小篆演变而来，写作“滴”。

“滴”字的本义指“液体一点一点往下落”，如“锄禾日当午，汗滴禾下土”，指汗水一滴一滴落下；娇姿欲滴、水滴石穿等都是指“液体下落”。

“滴”字由本义引申指“使液体一点一点往下落”，如滴眼药水、滴几滴油。由上义又引申指“液体一点一点往下掉”，如水成滴地落下，或指模拟水的滴落声称“滴答”；模拟雨水滴下的声音称“滴沥”，馋得口水差点滴下来称“垂涎欲滴”。“滴”字由本义引申作量词用，如一滴墨水滴在衣服上、一点一滴、一滴汗水。在口语中也常用到“滴”字，如滴里嘟噜、滴溜溜。

“滴”和“水滴石穿”

宋朝有位文士名叫罗大经，生卒年龄及何方人氏均无可考证。他编撰了一本《鹤林玉露》，这是本故事类的书，其中有一篇写得生动有趣，耐人寻味，为后世留下了“水滴石穿”这一成语。

故事说的是北宋年间，崇阳县，这县的县官姓张名乖崖（yá），此人办事认真，性格固执，好意气用事。县衙里有个负责管理钱库的库吏叫刘二虎，此人年纪不大，仗着远房亲戚在朝中当官，所以才找到了这份好差事。张二虎每日下班，必去茶馆或酒楼潇洒一把，小日子过得很滋润。这天下班时正巧与张县令擦肩而过，无意间碰了一下，刘二虎弯腰提鞋子时，从头巾里掉下一枚小钱来。他慌忙拾起，正待要走，被张县令喝住，问他头巾怎么掉下钱来。刘二虎张口结舌，一时回答不出。张县令当即唤来衙役，将他拘押，经一番审讯，刘二虎不得不承认，这枚小钱是从钱库里偷来的。张县令将他责打二十大板，还要判他盗窃国库的重罪。刘二虎不买账，叫嚣道：“我拿一枚小钱，你竟打我二十大板，你难不成为一枚小钱，判我个死罪？”

张县令见他如此猖狂，真个是怒发冲冠，他提起笔来，“刷刷刷”写了份判词，读道：

一日一钱，千日一千；
绳锯木断，水滴石穿。

后来，刘二虎被斩首示众。张县令是否量刑过重，草菅（jiān）人命？这也难说。有人认为刘二虎监守自盗，若是一贯如此，每日一两个小钱，细水长流，日积月累，案情也是严重的，正如用绳子不断地去锯木头，木头也会折断的，一滴水滴下来力量不大，但成年累月不停地往下滴，石头也会被滴穿的。后人将判词中的这两句话作成语流传下来，用来比喻小错不改，就要酿成大错。也用来表示，只要努力不懈，持之以恒，什么难事都能办成的，还用来表示，只要长年累月地努力，孜孜不倦地追求，即使能力有限，也会办成大事。

红色的狗——狄

dí

狄

甲骨文

金文

小篆

狄

隶书

狄

楷书

在古代“狄”字是个上下结构的会意字，它的上部是一个“犬”字，下部是“火”的形状。不难理解，火光是红色的，这里的“火”字，有表示燃烧的意思，也可能表示颜色。

“犬”与“火”放在一起，就可能有两种意思：一是表示把“犬”放在火上烤，烧狗肉吃（据说，古代人吃狗肉，只吃身有红毛的狗）；另一种解释是，可能是指一个饲养红颜色狗毛的民族，因其狗的毛色而得名。“狄”的本义是指“一种红颜色的狗”。

中国在秦汉以后，将“狄”字作为中原汉人对北方各民族的泛称。在古代，把别人视作狗的习惯已久。把一些少数民族称为犬狄、獞、犵狫、狪等，这些由“犬”字构成的汉字，都是古代汉族统治者自高自大、蔑视少数民族的表现。

“狄”，也作为姓。如唐朝大臣狄仁杰，以不畏权势著称；北宋大将狄青，在对西夏战争中屡立战功。

【瓦当欣赏】

秦汉瓦当

犬旁有火——狄

关于“狄”字，有这么一则笑话。

从前有个姓狄的读书人，自以为自己识几个字，聪明得不得了，经常用文字作游戏，拿别人寻开心。

有一次，他的一个朋友被他戏弄急了，忍不住还击道：“你姓‘狄’，拆开来就变成了两条犬。”

姓狄的听了，马上摇头晃脑辩解说：“错了，‘狄’字拆开不是两条犬，是犬字旁边一个火字。”

他朋友没好气地说：“犬旁边有火，搞了半天你是一条被烤熟了的狗啊！”

手持器械相搏斗——敌

dí
敌

金文

小篆

敵
隶书

敌
楷书

“敌”字在古代写作“敵”是个左右结构的形声字，右边“攴”字是形符，左边的“啻”字是声符，读dí。

小篆的字形由金文演变而来。右边是“攴”字作形符，表示手持器械；左边的“啻”字作声符。隶变后的楷书写作“敵”，成了一个左右结构的形声字兼会意字，左边的“商”字是声符，读“dí”；右边的“攵”字是形符，指手持器械；这两个字形组合在一起，表示手持器械，相互搏斗，搏斗时必须用武器，所以用反文旁作形符。

古人为什么用“商”字作“敵”字的声符呢？因为古代的“商”字有“不停止”的意思，而相互对抗，长久不停止，所以“商”字用“敵”字作声符并会意。

当时有个异体字“敌”，后借用作“敵”字的简体字。

“敌”字的本义指“敌人”，如敌对的国家称“敌国”，从国外入侵的敌人称“敌寇”，敌人、仇人称“仇敌”，共同的敌人称“公敌”，长期的敌人称“夙敌”，敌军、敌情、敌视、敌意、大敌、劲敌、强敌、树敌、死敌、通敌、天敌、投敌、顽敌、政敌等都是指敌人。

“敌”字由本义引申指“对抗、抵挡”，如利益根本对立、敌视、对抗称“敌对”，没有能匹敌的对手称“无敌”，应付对手称“应敌”。寡不敌众、所向无敌都指“对抗、对立”。

“敌”字由“对抗”引申指“相当的，不相上下的”，如彼此相称、对等称“匹敌”，才艺相当的人、能力相当的对手或落入敌方手里称“敌手”，敌对双方力量相当称“势均力敌”。

化“敌”为友

今天，无锡梁溪谜语研究会在西水关茶楼举办市民讲座，主要内容是古今谜语欣赏，还有汉字的源流探索。

陶先生讲了个字谜，谜面是“故人半作鬼”。“人”字去掉一半剩下一撇加到“故”字上成“敌”。“敌”字的本义指“仇敌”。有人认为这“敌”字是会意字，左边的“舌”字表示口舌争吵，互相对骂，右边的反文字原来写作“攴”，读“pū”或“pō”，像手持刑杖棍棒的样子，表示击打的意思。

要认识繁体字“敵”字，先得认识“啇”字。最早的“啇”字有树木之根、瓜果之蒂的意思。像水滴下来的“滴”字，以“啇”字作声符，表示水滴下来，就像树根一样钻入泥土之中，而且长久不停止。用在“敵”字中，表示相互仇恨敌对永不停止。正因为此，古人才用“啇”字作“敵”字的声符并会意。

有个现象引起我的注意：“敵”与“嫡”同义。嫡，本指一女所生的嫡亲关系，军队里称“嫡系部队”。但往往是亲兄弟之间为了争夺家产或王位而成了势不两立的敌人。曹丕和曹植两兄弟，“本是同根生，相煎何太急”便是一例。

“敌”音通“抵”。抵触过分，也会成敌。怎么办？只有“適可而止”，才能化解矛盾，化敌为友。这个“適”字后来简化为“适”。

由“敵人”与“嫡亲”，我不由想到了“助”字。“助”字由“且”与“力”组成，“且”表示同宗同祖，“力”表示互相帮助，齐心协力。但请注意，“助”与“阻”同音。同祖本应相助，但弄不好同祖相阻，不仅不助你一臂之力，反而拼死阻挡你，于是由“嫡亲”成了“敌人”。汉字里面，包含了多么深厚的人生哲理和辩证法啊。

房屋最下面的底部

dǐ
底

金文

小篆

底
隶书

底
楷书

小篆的“底”字，是个左上包围结构的形声字兼会意字，左上方的“广”字作形符，这个字在古代是象形字，有多种读音。读“yǎn”，后来成了“庵”；也读“ān”，后来成了“菴”；也读“guǎng”，后来成了“廣”，也就是今日简体字“广”，本义指高大宽敞的房屋。

“底”字右下方的“氐”字作“底”字的声符并会意。这个字读“dí”。“广”与“氐”组合，表示房屋的底部。因“广”有房屋之义，所以用来作“底”字的形符。

古人为什么用“氐”字作“底”字的声符呢？

古代的“氐”字与“氏”（shì）字是同一个字，在甲骨文中属指事字，像植物种子萌芽长根的形状。由于“氏”字作姓氏用，古人就在“氏”字下面加上一点，写作“氐”，表示植物根部扎根到这里，所以“氐”字有树木之根之义，而根部在最下面，所以“底”字用“氐”字作声符并会意。

楷书的字形由小篆演变而来，写作“底”。

“底”字的本义指“物体的最下面的部分”，如地底下，底层、底座、船底、海底、锅底、眼底等。由本义引申指“尽头、末了”，如年底、月底、彻底、封底等。由本义又引申指“根源、内情”，如底牌、底细、根底、家底、老底、亮底、谜底、心底、归根结底等。由“根源”引申指“原本、草稿”，如底稿、底片、底薪、底样、班底、留底、存底等。

水“底”日为天上日

却说北宋大文学家苏东坡，在一个夏日黄昏，与好友佛印和尚在西湖边散步，两人边走边聊。当时夕阳西下，暑气渐散，一轮红日挂在西天边，倒映在湖底，湖水平台明镜，那沉在湖底的蓝天红日，与天空景色遥遥相对。此情此景，恍若仙境，苏东坡见了，诗兴大发，指着湖底红日，对佛印和尚说：“大和尚，见得眼前景色，我有一上联，请你为我续个下联。”

佛印和尚笑道：“这有何难？曹植七步成诗，我五步之内对出下联。”

苏东坡笑道：“莫夸海口。请听上联——”

水底日为天上日

苏东坡这上联说的是句大白话，再通俗不过了。他以水底景色与天上景色相对照，突出了一轮红日。

佛印和尚听罢，倒背着手，原地站着，不曾挪动脚步。他盯着苏东坡的眼睛看着，笑道：“出家人，不妄言。今日我夸下海口，不挪动一步，就对出你下联。”

苏东坡呵呵笑道：“那就快讲，别磨蹭了。”

佛印和尚朗声吟道：

眼中人是面前人

苏东坡听罢，略一沉思，不由抚掌大笑，连称“妙妙妙”。

苏东坡上联说的是水底日影，佛印和尚说的是人眼底的人影。他在你眼前站着，你眼珠就能照出他的影儿，这就是“眼中人是面前人”。这也是句大白话，与上联相对，浑然天成，相映成趣，妙不可言。

泥土是万物生长之地

dì

地

甲骨文

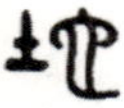

金文

小篆

地

隶书

地

楷书

中国有个古老的神话故事，名叫“盘古开天辟地”，说的是巨人盘古，抡起大斧，把鸡蛋形的宇宙劈开，开辟出天和地。轻的、清的、阳的升入上空成为天，重的、浊的、阴的留下来成为地。天为阳，地为阴，两者是相对的，在人们心目中是非常神圣的。地是万物所陈列的地方，所以“地”的本义是指“大地”“地面”。

小篆的“地”是由“也”和“土”构成的。在上古时期，“土”字既表示泥土，也表示土地。到了汉朝以后，“土”字的意义一分为二：“土”字专指泥土、土壤；“地”字用来指田地、大地。

为什么“土”与“也”搭配就是“地”呢？有人考证，在古文字中，“也”字是女性生殖器的象形，这是古代生殖崇拜观念的表现。从中也可看出，古人对土地滋生万物自然现象，已有了充分的认识。

土地使农作物茁壮成长，具有旺盛的生产能力，所以古人把土地看作生育的榜样，尊称为“地母”，这也许就是古人将“土”字和“也”字组成“地”字的原因吧？

“地”字的含义很广泛，它表示地球、陆地、地面、地区、地方、地点、地步，还用来表示路程，如十里地、三站地。地也读“de”，结构组词。

宋·蔡襄《三希堂法帖》

明·祝允明

拆字寻找意中人——地

民国年间，江苏丹阳小南门有位拆字先生，姓金，外号“老金口”。此人阅历广，又精通汉字，加上他善于察言观色，能揣摸人的心理，把一个字说得滴水不漏，所以有“金口”之称。

这天庙会，小南门广场人来人往，热闹非常。老金口拆字摊前更是围了不少人，其中有位中年汉子，名叫苏原。这苏原中年丧妻，正想续弦。前几日在这儿见一中年女子，头戴白花，身穿素服，想必是刚失去丈夫。这女子端庄大方，他一见倾心，想找人撮合，看能否结成姻缘。但近日天天在此寻找，竟再也没有遇上，他想拆个字，看与这女子有无缘分。

待众人散开，他坐到“老金口”摊前，四周看看，小声说：“我也想拆个字。”“老金口”问：“先生拆什么字？”苏原眼睛看着行人，因为找不到意中人，急得用脚跺了跺地。见“老金口”问他，随口说：“就拆个‘也’字吧。”

“老金口”见苏原心不在焉，眼睛尽盯着过往的女子，心中便明白了几分。他随手写了个“也”字说：“‘也’字，是文章中的语气助词，用来吐心中之气。先生刚刚用脚跺地，又要拆‘也’字。‘土’加‘也’，‘地’也。乾为天，坤为地，乾坤乃为天地。而‘地’又为‘坤’，而‘坤’者，又指‘女子’，所以在下知道，先生是为‘女子’而来。只怕有了意中人，一时找不到吧？”

苏原听“老金口”这番解说，不由大吃一惊，这老头怎知道我的心事？真是灵验呀。想罢，他把来龙去脉及自己的心事和盘托出，并请“老金口”帮忙。“老金口”说：“这事不难。我每日在此摆摊，过往行人眼前走过。再说，我人头熟，待我为你多方打听。”

据说，由“老金口”帮忙，苏原终于找到了那女子，结成了一桩美满姻缘。

dì

第

甲骨文

金 文

小 篆

第

隶 书

第

楷 书

丝绳缠绕次序——第

后造的“第”字，是个上下结构的形声字兼会意字，上面的竹字头是形符，表示跟竹子有关；下面的“弟”字是声符，读“dì”；两形合一，指“用烧熟的牛皮绳将竹简按先后次序编起来”。当时还没有纸，古人将字写在竹片或木片上，再按次序编排捆扎，就如同现在排页码一样。

古人为什么用“弟”字作“第”字的声符呢？因为“第”有“次弟”、“按次序排列”的意思，所以“第”字用“弟”字作声符并会意。

“第”字的本义指“次序、等级”，如排在最前称“第一”，按次序称“次第”，人的名次等级称“等第”。

“第”字由本义引申指“科举考试榜上的名次”，考取进士叫“登第”，没有考取叫“落第”考中称“及第”，科举考试选官吏后备人员时，分科录取，每科按成绩排列等次，这叫“科第”。

“第”字有“榜上名次”这层意思，又引申指“封建时代官位、贵族的住宅”，如府第、门第、宅第。

“第”字也作姓氏用。

让她做个美梦——第

清朝乾隆年间，江苏苏州有位测字名家叫范时行。他先在观前街摆测字摊，成名后，搬到上海紫阳观居住，每天测字满五百钱就闭门谢客，不再测字，而是博览群书、钻研《说文解字》，用现代时髦话来说叫“自我充电”，增加业务知识。

范时行不仅测字水平高超，而且精通解梦这一套，于是常有人上门请求解梦。他能将解梦与测字结合起来，使来者满意而归。

这天，有位名叫任自强的考生慕名而来。他已是贡士，正准备赴京参加殿试。就在他信心百倍，读书迎考时，却不知怎的，昨天做了个噩梦。他在梦中走进了一片竹林，这竹林无边无际，如同竹海。他正惊慌，只见一条野狗窜出，狂奔逃去，后面有一猎人，挽弓搭箭，“嗖”的一声射去，野狗被箭射中，血流不止……

任自强被这噩梦惊醒，回想梦境，认为很不吉利，他想这次殿试，肯定落第了。于是他来找范时行解梦，看吉凶如何。

范时行听他讲完梦境，哈哈大笑说：“小兄弟，恭喜呀，这个梦大吉大利啊。此次殿试，你必定及第呀。”

任自强一头雾水，急忙问：“先生，此话怎讲？愿闻其详。”

范时行解释道：“你在竹海里遇见狗，竹海尽是竹，这且不说，‘狗’字是‘第’字之身，而猎人手中之箭，仍是‘第’字当中一竖，你整个梦境就是一个完整的‘第’字。这预示着你将考中。依我看，必中进士无疑。”

任自强听了，又找回信心，丢下银子，大喜而去。

待任自强走后，范时行对坐在一旁为他做笔录的弟子说：“凡遇这种赶考的人，气可鼓，不可泄。千万别说泄气的话，要尽量往好处说。就是噩梦，也要说成好梦，让他把好梦做下去，这样他才敢上考场！”

看来，这才是大实话，也不愧解梦和测字行家。

人头朝上脚朝下为颠倒

diān

颠

金文

小篆

顛
隶书

颠
楷书

小篆的“颠”字是个左右结构的形声字兼会意字，右边的“页”字是形符，表示跟人的头部有关；左边的“真”字读“zhēn”，作声符并会意。

古人为什么用“真”字作“颠”字的声符呢？

甲骨文的“真”字是个形声字兼会意字，上面是个“人”字，“人”字兼表声；下面是个“鼎”字，表示人就着鼎在吃美味食品。金文将字形改为“貝”字，下面是个倒写的“人”字，成了人取食鲜贝了。小篆将“贝”字写成一个人朝下的头，就看不出原意了，隶变后的楷书写作“眞”，俗体字作“真”，如今成正体字。因此，在“颠”字中，“頁”字是朝上的头，“真”字是人头朝下。隶变后的楷书写作“顛”，现简化为“颠”。也许正因为此，古人才用“真”字作“颠”字的形符吧？因为正巧是一个头朝上，一个头朝下，这是典型的上下颠倒啊。

“颠”字的本义为头顶，又表示颠倒。

“颠”字由本义引申指“最高最上的部分”，如树颠、山颠、塔颠。“颠”字又引申指“晃荡、簸动”，如颠簸、颠沛、颠沛流离。

“颠”字由“晃动”引申指“倒置”“错乱”，如颠倒、颠倒黑白。又引申指“跌倒、倒下”，如颠覆、颠扑不破。

“颠”字由本义还引申指“始末”，如自始自终的经过情形称“颠末（mò）”，如细说颠末。

颠倒歌

“颠倒歌”在我国通俗文学宝库和儿童歌谣中颇为丰富，不同区域有不同特色。它的创作风格类似于打油诗体，其特点是运用“故错”的手法，偏偏把事物说反了。例如把自然界的某些规律、某些常见现象、某些常理来个颠倒，四季可以打乱，雌雄可以混淆，弱者可以战胜强者，风马牛不相及的事可联在一块儿。这类歌谣，因其幽默谐趣，广受人们欢迎，特别是儿童，一边唱，一边手舞足蹈。

山东一带流传这样一首颠倒歌：

东西路，南北走，
顶头碰上人咬狗。
拾起狗来砸砖头，
又被砖头咬了手。
老鼠叼着狸猫跑，
口袋驮着驴子走。

苏南上海一带也有类似的颠倒歌：

吃牛奶，喝面包，
夹着火车上皮包。
东西街，南北走，
忽闻门外人咬狗，
拿起门来开开手，
拾起狗来打砖头。
…………

这些颠倒歌，对儿童认词识字及明白事理，有极大的帮助，有些可作启蒙读物中的好素材。

捧着重要的书册——典

diǎn

典

甲骨文

金文

小篆

典

隶书

典

楷书

说到“典”字，就得先说“册”字。

我们不难发现，甲骨文和金文的“册”字是个象形字，描绘的是用牛皮条或绳子将刻着字的竹片、木片或甲骨片穿起来，成为一册书，书里记载着重要的事情。

再说“典”字，甲骨文的“典”字由两部分组成：上面是“册”字；下面是一双手，表示用双手恭恭敬敬地捧着书册，这书册被称为“典”。“典”本义是指“重要的书籍”，用今天的话来说，是有文献价值的书籍，它是个会意字。

金文和小篆的写法略有变化。上面仍是“册”字，而下面的双手变成了一横，底下一撇一捺。对这个字形，有两种说法：一种说法认为，这是用来供奉典籍的案几，古人将典籍抬高到与祖宗神灵并列的地位；另一种说法认为，下面的字形是个“大”字，“典”就是“大册”。

以上两种说法，也表明“典”字是个会意字。

用手捧着也罢，供在案几上也罢，说“大”也罢，都是表明对这些书籍的崇敬、重视，把册书看作是重要文献，是表示典范的重要书籍。这样，便有了词典、经典、法典、药典等词汇。

由于“典”字有“典范”的意思，所以它可引申为“标准、法则”的意思，如典章、典型、典籍、引经据典。

“典”字既有标准、法则的意思，又有很慎重、重要的意思，所以又常用于重要的礼仪，如典礼、盛典、开国大典。

妙解“莫典邪”——典

虽说人的姓名，只是一个符号，不必太在意。但在现实生活中，谁会把自己的姓名当儿戏呢？即便叫狗儿、猫儿、锁柱儿的人，其父母也只是想拴住儿女，让他们健康成长啊。

民国年间，南京有个小伙子叫莫典邪。他父母双亡，命途多舛。他总怪父母给他取了个怪名儿。于是，他就去请夫子庙摆拆字摊的张和尚，帮他另取个吉利的名儿，好重新做人。

张和尚问明来意，用笔写了“莫典邪”三个字说：“这莫姓是祖传的，改不得。这‘典’字嘛是有点怪。你看，头上两只角冒出来；肚子里六个口子，好比六张嘴巴；底下呢，走的八字步，要多难看，有多难看。再说这‘邪’字呢，就像人的面孔，既没鼻子又没眼睛，却有一副牙齿长在耳朵旁边……”

张和尚刚说到这儿，莫典邪听不下去了，他捂着耳朵说：“别说了，我成妖魔鬼怪了……”

张和尚说：“别急，让我把话说完。这两个字字形虽然怪，但名气可大呀。‘典’字是经典之典，法典之典，有谁敢不服它？再说这‘邪’字，是你老祖宗莫邪的大名呀，她是春秋时的吴国人，她跟丈夫干将制成了两把宝剑，一为干将，一为莫邪，后世就将干将莫邪泛称宝剑。你的大名还沾了这宝剑的光呢。你的父母给你取这名儿是希望你不要数典忘祖，莫要有一点儿邪恶……”

听到这儿，莫典邪也不再细想张和尚说得是否完全准确，反正，他已打消另改姓名的主意了。

［瓦当欣赏］

战国画像瓦当

占卜时出现的小黑点

diǎn

点

點
金文

點
小篆

點
隶书

点
楷书

金文和小篆的“点”字，其字形大致相同，都属形声字兼会意字。左边的“黑”，表示黑色；右边的“占”，是读音，后取繁体字中的部分形体，简化为“点”。“点”字，表示很小。小黑色的斑痕就是小黑点。这也就是“玷污”的意思。因此，《说文解字》中，“点”就是“玷”，读音一样。

有人认为，“点”字的创造是受古代占卜的影响而成的。古人求神问卜时要烧龟壳。龟壳经火烧后会出现小黑点，古人就依这些小黑点的位置来决定所占卜的事，是凶还是吉。因此，“点”字由“黑”和“占”两字构成，其意思是在占卜时出现的小黑点。本义也就是小黑斑。从这个意义上讲，“点”字是个会意字。

“点”字经简化后，上面为占卜的“占”字，下面是四点，表示占卜过程中出现的一种现象：有许多小黑点。这样的简化很高明，既少了笔画，又表达了“小黑斑”的本义。“点”由小黑斑这一本义，转义为细小痕迹或物体，如斑点、黑点、雨点、点滴。“点”也用来表示时间，如几点钟了？十二点。

“点”是语文、数学中的符号，如标点、小数点。

“点”表示处所、地方，如地点、据点、空白点。

“点”也表示限度，如沸点、冰点、极点。

“点”也表示方面、部分，如优点、重点、试点。

“点”字也表示指明、指定，如点中要害、点菜、点节目。

孩子姓名叫“点点”

中国十几亿人口，光靠几百个姓氏来区别十几亿个姓名，显然是不够的，所以同名同姓很多，这就给工作和生活带来诸多不便。

“坐不改姓，行不更名”，这是中国人的传统意识，姓是万万不能改的，因为那样好像是背叛了祖宗，属数典忘祖，大逆不道之辈。可现在有些人不是这样想，他们别出心裁，为自己制造了新的姓和名。

查遍百家姓，找不到姓“点”的。但在扬州有户人家，却出了个姓“点”的孩子。名也叫“点”，就叫“点点”。

“点点”的爷爷姓张，奶奶姓陈，外公姓王，外婆姓李。说来，这四位都是中国姓氏中人数排名最前的几个。

这一年生下个小男孩，爷爷奶奶为孩子取名犯了愁，就找两位亲家来商讨。四位老人都是退休教师，性情开朗，知识渊博。最后他们商定：为孙子另取个姓，以表达他们的心声。

四位老人翻《辞海》、查《辞源》，几经探讨，终于找到个好字：“点”。

“点”字下面四点，代表祖辈四姓。四点上面的“占”字，表示四姓共同拥有。又何况，“点”字吐字洪亮，第三声抑扬顿挫，余音缭绕，十分动听。为加强读音，为孩子取名也叫“点”，就叫“点点”。四位老人为孩子申报户口时，还受到当地户籍管理部门的表扬呢。

耕种田地的人——佃

diàn

佃

古代的“佃”字，是个左右结构的形声字兼会意字，左边的单人旁是形符，表示跟人的活力有关；右边的“田”字是声符，读“tián”；两形合一，指“耕种田地的人”。耕种田地，除了牲口帮衬，主要靠人，所以用单人旁为形符。人是在田中耕种，所以用“田”字作声符并会意。

金文的“佃”字，“田”字放在左边，右边是个面孔向左的“人”字。小篆的“佃”字将单人旁放在左边。隶变后的楷书写作“佃”。

“佃”字有个发展过程：甲骨文的“田”字是个象形字，像分割整齐划一的田地，当中约有十几个小方块，这跟当时实行的“井田制”有关；金文和小篆的小方块省略为四个。“田”字的本义为“耕种的土地”，后来引申为“耕种田地”。这里少了个“的”字，意思可不一样了。为了加以区别，古人在“田”字旁加了个“人”字，这就是“佃”，用以表示“耕种田地”。而“耕种的土地”这一义由“田”字承担。

“佃”字的本义指“耕种田地”，后引申指“耕种田地的人”。由此再引申指“没有土地的农户，向有土地的地主租种土地”，这样的农户便是某地主的“佃户”。

旧时，佃户称租给他田地的地主为“佃东”。以租种土地为生的农民称“佃农”。佃农交给佃东的钱粮称“佃租”。

“佃”字也作姓氏用。

“佃”也读“tián”，耕作。古同“畋”。

金文

小篆

佃

隶书

佃

楷书

仙山隐约在画中——佃

明朝洪武年间，安徽滁州有个读书人名叫王必成。此人聪明好学，可惜家庭贫寒，佃户出身，读书之余，还得帮父母干农活。这年他参加童试，不知能否考中“廪生”，好让生活有个依靠。正巧测字名家何中立在滁州，他便上门求测，问前程如何。

何中立递过一木盒，让他从中取出一纸牌。他翻开一看，是个“佃”字。王必成长叹一声：“天不假我，我是佃户之子，偏偏拈个‘佃’字，难不成当一辈子佃农？”

何中立端详着“佃”字，又打量了一下王必成的生辰八字，读书经历，然后侃侃而谈：“今日仅你我二人，无旁人在场。你这大名很有气势，颇有王家必成，成者必王之势。当然，我不是指帝王之王，而是首领之王，有出人头地之时。再说‘王’音通‘旺’，也有兴旺之象。”

王必成皱眉道：“先生，我测的是‘佃’字啊。”

何中立笑道：“刚才所言，你心中记住便是了。你要出人头地，还得有人指引，有人相助。”

王必成道：“我一介寒士，何人相助？何人指引？”

何中立道：“这‘佃’字左为‘人’，右为‘田’。‘田’字为四方，此乃四方有人啊，你何愁没人相助呢？”

王必成面有喜色，道：“还望先生指点。”

何中立道：“在下凡人一个，只是测字而已。你看这‘佃’字，左为人旁，右为‘田’字，从中可看出一‘山’字若隐若现，与‘人’字旁相合，如入仙山仙境。仙境中何愁没有神仙？你别以为‘佃’字便是种田之人。你以田为本，刻苦耕读，有志者事竟成，王必成，必成王！”

王必成听了，那真是热血沸腾，豪情满怀啊。

diàn

惦

心里总是想念着——惦

“惦”字是个形声字，属左右结构。左边是竖心旁，表明这个字的意思跟心理活动有关；右边是“店”字，是这个字的读音。

“惦”字的本义指心里总是想念着、挂念着，如惦记、惦念。

有人戏说，创造“惦”字的人，肯定是个“店”老板。因为只有开过店的人才体会到，店面上一刻也离不开人。顾客是上帝，店开在那儿，若没有掌柜或伙计接待，就会扭头便走，生意做不成。如果店主离开店，心里便牵肠挂肚，时刻记挂着店，所以就写成“惦”了。

其实，这不属戏说，古人造字时，确实考虑到音符“店”字的这一本义。“店”字也是个形声字兼会意字。它外面是个“广”字，这是一种少了一面墙的房子，而这种房子，大都是买卖货物的场所，里面的“占”字像用土堆起来的台子，以备置放货物，正因如此，“店”字的本义就是指“买卖货物的场所”。屋里堆着那么多货物，主人怎么放得下心呢？所以就在旁边加上竖心旁，表示牵挂店里的事，这就是“惦记”。

金文

小篆

惦

隶书

惦

楷书

贴心店——惦

有一则“贴心店”的故事，很能说明“惦”字的深刻内涵。

有个人在外地工作，一连几年都没回过家，远在家乡的父母非常挂念他，多次写信叫他回家看看，可他总是以工作忙为借口，迟迟不回去。

一天，他的一个老乡找到他，说他的父母在家乡开了个小吃店，叫“贴心店”。他听了先是一愣，随即就落下了眼泪，立刻买了张回家的车票，往家赶，恨不得马上飞到父母的身边。

原来，这“贴心”是竖心旁的别称，合上个店字，便是惦记的“惦”字，这说明父母是多么思念儿子啊，他怎能再无动于衷呢？

diàn

殿

拿着武器镇守——殿

“殿”字是个左右结构的形声字兼会意字，右边的“殳”字读“shū”，指古代一种有长柄的圆头兵器，在这儿作形符，表示跟兵器有关；左边的“屍”字读“tún”，作声符并会意；“屍”字与“殳”字组合，指手拿武器镇守。手拿武器镇守在某个地方或一大片阵地，这与战争打仗有关，所以古人用表示武器的“殳”字作“殿”字的形符。

古人为什么用“屍”字作“殿”字的声符呢？

小篆的“屍”字读“tún”，由“尸”字和“几”字组成，“尸”表示坐着的人，“几”字是茶几凳子之类的家具。隶变后写作“屍”，本义指“人的屁股”，后来“屍”字作了偏旁，古人就在“殿”字下面加了个月肉旁写作“臀”，这就是我们今日文雅地将“屁股”说作“臀部”的“臀”（tún）字了。

“屍”字的本义指“屁股”。军队镇守在一个地方就如同人把屁股搁在凳子上一样，所以古人用“屍”字作“殿”字的声符并会意。

楷书的字形由小篆演变而来，写作“殿”。“殿”字的本义指“镇守，排在最后”，如行军打仗时走在队伍最后的称“殿后”，也称“殿军”。

“殿”字由本义假借指“高大的房屋”，特指供奉神佛或帝王处理公务的房屋，如帝王居住的华丽建筑称“宫殿”，高大的建筑物，也指建筑物的厅堂称“殿堂”。还有殿试、正殿、大殿、大雄宝殿等词。由上义引申指对皇太子或亲王的尊称，如殿下。

殿
小篆

殿
隶书

殿
楷书

无事不登三宝殿

中国的佛教，在魏晋至隋朝和唐朝盛极一时，唐僧去西天取经便在此时。最初信仰佛教的大多是上层有文化的人，后来因佛教的传播范围和影响范围扩大，信仰者逐渐扩大到平民百姓这一阶层。在暴政和战乱年代，百姓们通过佛教来表达对统治者的失望和不满，把希望寄托在慈悲为怀的佛祖身上。所以信佛的人，对佛祖顶礼膜拜，三跪九拜，无限敬仰。

佛，究竟是以什么获得信佛者的如此信任呢？佛教有三宝，这便是“佛、法、僧”三样。

佛教以佛讲法，由僧继承，佛是大知大觉无所不能的人，法就是佛所宣扬的教义、宗旨，僧就是继承和宣传、推广教义的人。这“三宝”各有自己的处所，这些处所称为“殿”，这便是“三宝殿”。较上规模的寺庙，一进庙门，首先看到的便是“大雄宝殿”，这是佛教信徒登场做法事的地方；其次，佛家藏经书及佛家经典著作的地方叫“藏经楼”；还有就是僧人休息的“禅房”，这三处是清静高洁的佛教重地，是信佛者出入的地方，俗人免进。

既是佛门重地，俗人何时能登三宝殿呢？按佛家规矩，初一、十五拜佛诵经可去；新年、节日祭天祈福可去；灾荒、生病、生日等凡要求神拜佛可去；法事仪式、招魂上香、请僧人出庙做道场可去；生儿育女和婚丧喜庆等需要许愿还愿时可去……总之，凡有求于佛祖降恩，能使你消灾得福这才去登三宝殿。一般没什么事儿就不登三宝殿去打扰佛祖了。

现在，这句话的意思已有了变化，凡有求于人，登门求见时常说一句“无事不登三宝殿”，以示敬重，表示有要事相求，这已成了句礼貌用语。

diāo

刁

金文

小篆

刁

隶书

刁

楷书

有柄的金属小斗——刁

“刁”字是个象形字。古时军队中有一种金属小斗，上面有个柄，白天可供人烧饭，晚上巡逻时用来打更。杜甫《夏夜叹》中有一句“竟夕击刁斗，喧声连万方”指的就是“刁”。

“刁”的本义指“有柄的金属小斗”，即“刁斗”。后假借指“狡诈、无赖”，如刁悍、刁滑、刁难、刁玩、刁钻、逞刁、耍刁、放刁、刁钻古怪。

也有人认为，“刁”原为“刀”的异音同义字，本是相通的，后来为避免相混，就将那一撇倒过来向上，这样才分为两个字。“刀”与“刁”都是象形字。

“刁”，作为方言用时，属形容词，表示一个人吃东西挑食得很，嘴特别刁。

“刁”，也作姓氏用。

【瓦当欣赏】

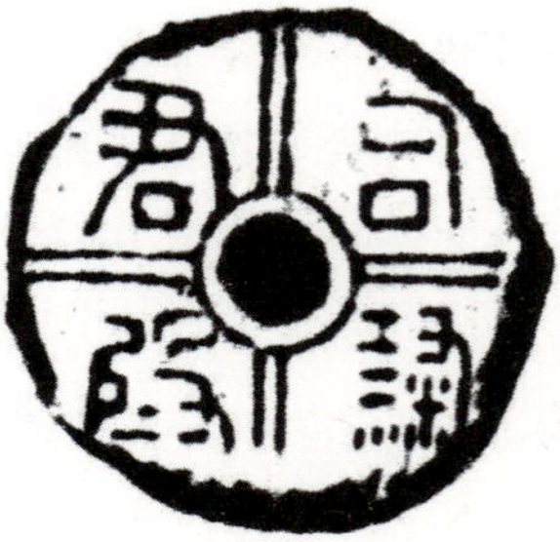

秦汉瓦当

刁大使使刀

有本古书，名叫《评释巧对》，讲的都是有关对联的故事。其中有一篇讲到了“刁”与“刀”的故事。却说明朝永乐年间，江南有个状元名叫林环，此人少年时代就聪明好学，读书过目不忘。他饱览群书，出口成章，吟诗作对，让人赞叹不已。

有一天，林环去见太守，当时，正好有一位姓刁的大使在场。这“大使”是当时的官职，不同于今日的外交大使。

太守见林环来了，又有刁大使在场，便要试试林环的才学，便笑着说：“今日我等三人巧相逢，老夫想到一句上联，不知林状元能否对出下联？”

林环对太守深深一拜：“大人请讲上联，待晚生对出下联。”

太守吟道：“刁大使使刀，撇上撇下。”

林环略作沉思，应声道：“厍主管管库，点有点无。”

这是个辨字联。上联的“刁”字一撇向上，“刀”字一撇向下，使刀时上上下下，即“撇上撇下”。正巧与刁大使连在一起，这上联出得又绝又妙。

下联的“厍”读“shè”，此字很少见到，作为方言用，表示村庄，多用于村庄名称，主要用作姓氏。不过，这个姓也属稀姓。这姓厍的主管管理库房，管库房的主要工作是查点物品，所以说是“点有点无”。而“厍”与“库”的差别也就在一点的有无，正如“刁”与“刀”的一撇一上一下。

“刁大使”与“厍主管”相对，“使刀”与“管库”相对，“撇上撇下”与“点有点无”相对。对仗如此工整，构思如此巧妙，实为对联中的精品！